D1668937

TERRENCE MALICK
ET L'AMÉRIQUE

Suivi éditorial Benjamin Fogel et Laura Fredducci
Correction d'épreuves Marianne Toussaint et Julie Langlais
Conception graphique de la couverture Marie Guénue
Conception graphique intérieure Camille Mansour

ISBN 978-2-95494-500-2
Diffusion / Distribution Pollen

Alexandre Mathis

TERRENCE MALICK
ET L'AMÉRIQUE

ESSAI / CINÉMA

♦ Playlist Society

Je tiens à remercier en premier lieu Charlotte Gouillat, mais également tous ceux qui m'ont aidé, de près ou de loin, à écrire ce livre, et notamment Marc Moquin, Jefferson Malaise, Nicolas Gilli, Hugues Fournier

INTRODUCTION

Imaginer le cadre de vie de Terrence Malick relève de l'exploit. Réalisateur le plus secret depuis Stanley Kubrick, le Texan n'a cessé de fuir les projecteurs durant ses quarante ans de carrière. Dès lors, difficile d'espérer aller puiser dans sa vie médiatique pour le comprendre. Sa plus belle évocation intime reste ses films. Parce qu'il dédie *À la Merveille* à sa femme, qu'il laisse y entrevoir un aspect de sa vie passée à Paris, parce qu'il se livre sur son enfance dans *The Tree of Life*, qu'il utilise ses souvenirs de saisonnier dans les champs pour réaliser *Les Moissons du ciel*, mais surtout parce qu'il raconte sa terre, son pays et les croyances qui le traversent.

Travailler sur l'Amérique, c'est forcément revenir au culte de la terre promise, d'un monde nouveau aux mille espoirs : cette terre où les colons européens ont débarqué, chassé les Amérindiens, conquis les Appalaches et fondé leur morale sur les bases du protestantisme et de la propriété privée. À partir de ce rapport au territoire, à la glaise, au sol que foule l'homme, Malick élabore un jeu sur les espaces (géographiques, visuels, sonores) à la fois unique et très référencé. Le sacré, dans sa définition la plus large, fait lui aussi partie intégrante à la fois de la mentalité américaine et du cinéma de Malick.

La critique a parfois eu du mal à appréhender ce personnage. Elle lui a toujours accordé une sorte de respect froid et la reconnaissance de son talent, sans pour autant le porter aux nues. Un temps perçu comme une figure du Nouvel Hollywood, il est devenu une sorte d'icône en disparaissant de la circulation. Mais si des magazines comme *Positif* ont toujours suivi de près sa carrière, le cas Malick a l'air d'embarrasser tant il ne rentre pas dans les cases. Avec sa Palme d'or en 2011 pour *The Tree of Life*, le succès semblait à nouveau au rendez-vous, avant l'étrange retour de bâton qu'a suscité son film suivant, *À la Merveille*. Son cinéma est complexe, à la fois immédiatement reconnaissable et difficile à résumer. Il y a une « forme Malick », un type de cadre, un ton, un lyrisme qui lui est propre. Mais, comme chez ses compatriotes Mark Twain ou Georges Stevens, Terrence Malick plonge ses histoires au cœur de thématiques américaines classiques. Chacune de ses six réalisations en atteste.

En 1973 sort *La Balade sauvage* (*Badlands*), film dans lequel un jeune marginal, Kit Carruthers, tombe amoureux de Holly Sargis. Mais le garçon est violent et tue le père de sa petite amie. S'ensuit une fuite à travers les grands espaces étasuniens. En 1979 est présenté *Les Moissons du ciel* (*Days of Heaven*), prix de la mise en scène au Festival de Cannes de la même année (alors qu'*Apocalypse Now* et *Le Tambour* remportent ex aequo la Palme d'or), narrant l'histoire d'un triangle amoureux formé par un couple de fuyards et un fermier malade, le tout sous l'œil curieux de la petite Linda.

La Ligne rouge (*The Thin Red Line*) sort en 1998 et remporte l'Ours d'or à Berlin cette année-là. L'intrigue se déroule durant la Seconde Guerre mondiale, lors du conflit dans le Pacifique entre Américains et Japonais, et adopte le point de vue de plusieurs Marines. En 2006, *Le Nouveau Monde* (*The New World*) retrace l'histoire de Pocahontas et l'arrivée des premiers colons sur le sol américain. En 2011, *The Tree of Life* obtient la Palme d'or du Festival de Cannes. Le réalisateur y mêle les souvenirs d'enfance de Jack et les origines du monde pour se pencher sur le sens de la vie. Son dernier long-métrage en date, quant à lui, s'intéresse à l'amour. *À la Merveille* (titre original mais traduit *To The Wonder* chez les anglophones), sorti en 2013 et présenté à la Mostra de Venise en 2012, raconte les hauts et les bas de la relation entre Neil et Marina.

En ces quelques films, Malick aura révélé nombre de stars au grand public – Richard Gere, Sissy Spacek, Martin Sheen, Jessica Chastain – et aura travaillé avec d'autres talents déjà confirmés : Brad Pitt, Ben Affleck, Sean Penn, Rachel McAdams et Colin Farrell, entre autres.

LA FAILLE BÉANTE

Avant de devenir réalisateur, Malick eut plusieurs vies. D'abord une enfance dont quelques éléments biographiques nous sont parvenus. Il est né le 30 novembre 1943, a grandi au Texas (à Austin et à Waco), puis dans l'Oklahoma quand son père dut partir travailler pour la compagnie Phillips Petroleum. Émigré libanais et de confession chrétienne, ce dernier est géologue. Quant à la mère de Terrence Malick, la seule chose que l'on sait d'elle, c'est qu'elle passa son enfance dans une ferme à Chicago. Le jeune Terrence devient ensuite journaliste. Après un passage avorté au Magdalen College d'Oxford, il intègre le *New Yorker*. Il y travaille en vain sur les assassinats de Martin Luther King, Che Guevara, Robert Kennedy, et se penche sur le procès de Régis Debray[1]. En 1968, il entre au Massachusetts Institute of Technology (MIT), où il enseigne la philosophie avant de publier, l'année suivante, une traduction de Martin Heidegger : *The Essence of Reasons*[2].

Ce n'est qu'en quittant l'enseignement qu'il épouse les métiers de scénariste et de réalisateur. Il intègre la toute nouvelle école de l'American Film Institute, où il réalise un premier court-métrage, *Landon Mills*. Puis il se fait un nom en travaillant comme correcteur de scénarios pour la Warner. Par la suite, sa vie de réalisateur connaîtra plusieurs périodes : la première débute en 1968, avec son entrée au MIT, et prend fin en 1979 avec la sortie des *Moissons du ciel* ; une période récente, de 1998 à nos jours, le voit enchaîner les tournages. Entre les deux : une faille béante de vingt ans.

Entre 1979 et 1998, celui qui était considéré comme un jeune prodige prometteur disparut des radars cinéphiles. Durant cette césure, on sait qu'il vécut un temps à Paris, où il rencontra sa seconde épouse. On parla de lui pour réaliser *Great Ball*

1 Le 20 avril 1967, Régis Debray est capturé par les autorités boliviennes alors qu'il suivait Che Guevara. Torturé par ses geôliers, il aurait, selon Aleida Guevara, la fille du Che, « parlé plus que de nécessaire » (des propos tenus dans une interview au quotidien argentin *Clarin* et repris par *Libération* dans un numéro daté du 31 août 1996). Debray aurait eu sur lui des plans situant les camps de guérilleros. Un document qui aurait permis de tendre un piège conduisant à la mort du Che le 8 octobre 1967. Les investigations menées à l'époque par Malick en tant que journaliste ne donneront rien mais ont vraisemblablement cherché à élucider ce qu'il s'était passé à la fois pour Debray et pour Guevara.

2 *Vom Wesen des Grundes*, 1929.

of Fire, dont il écrivit une version du scénario, mais qui fut finalement réalisé par Jim McBride en 1989. Il fut également pressenti un temps pour porter la vie du Che sur grand écran, avant que Steven Soderbergh ne s'en charge en 2008. Mais surtout, la Paramount lui offrit, après *Les Moissons du ciel*, une rente de 1 million de dollars pour développer un projet. Malick ambitionna de réaliser Q[3], une grande fresque chorale située au Moyen-Orient durant la Première Guerre mondiale. Après une dizaine de semaines de repérages, son entreprise évolua et se mua en une saga contemplative sur les origines du monde et de la vie. Il envoya alors des équipes filmer en Antarctique, en Europe et en Asie, et y récupéra tout un tas d'images, sans pour autant écrire de scénario, au grand dam de ses producteurs Robert Geisner et John Roberdeau. Le projet échoua. Plus tard, *The Tree of Life* s'apparentera d'ailleurs à une version remodelée de Q. En lieu et place de ce film, le cinéaste s'attaqua dès 1989 au scénario de *La Ligne rouge*, concrétisé en 1998. Un retour par la grande porte, mais au succès amoindri par la sortie quelques mois plus tôt de *Il faut sauver le soldat Ryan*, réalisé par Steven Spielberg.

Depuis 1979 et son retrait presque monastique, le cinéaste n'a plus accordé la moindre interview. Il refuse les photos promotionnelles, n'apparaît pas dans les making-of et se fait même discret au cours des festivals. Seules trois interviews de lui existent, datant des années 1970. Cette méfiance, le cinéaste

---

3 « Q » pour « Qasida », forme ancienne de poème lyrique arabe à la gloire de des souverains.

la pousse à son paroxysme en ne communiquant qu'informellement avec des journalistes et en protégeant au maximum les images qui sortent dans l'espace public. Le vide que crée son mutisme ne laisse d'autres choix que de s'enivrer de ses épopées lyriques. Puisque Malick se refuse à toute exégèse, il faut se contenter de voir et de revoir ses films, pour en saisir la complexité apparente, et surtout pour confirmer notre intuition selon laquelle ses œuvres seraient d'abord des expériences sensitives. Car telle est la première leçon d'un visionnage d'un film de Malick : il s'agit de se laisser entraîner, comme dans le cours d'une rivière, et de faire confiance à ses palpitations.

Pour toutes ces raisons, et bien plus encore, Malick mérite que l'on se penche de plus près sur son œuvre, que l'on s'en abreuve pour mieux appréhender sa vision du monde, pour l'embrasser ou la critiquer. Car des figures de réalisateurs comme celle-ci, il y en a peu. Il fait partie du clan des démiurges fascinants, comme Andreï Tarkovski, Orson Welles, Sergio Leone ou encore David Lean.

LE MYTHE
DU TERRITOIRE
AMÉRICAIN

Les États-Unis sont un pays jeune : moins de trois siècles d'histoire en tant que fédération, cinq siècles à peine depuis Christophe Colomb. Une histoire récente qui lui confère son dynamisme, ses particularités, mais surtout son obsession du retour aux origines. Aux États-Unis, cette obsession constitue l'essence même du 7ᵉ art. Le western, le road-movie, autant de genres qui se fondent sur la fascination exercée par un territoire récemment défloré, conquis, possédé, voire maltraité. Ainsi, le rapport aux grands espaces et la morale qui en découle viennent de cette conquête d'un nouveau continent, d'où les tribus autochtones furent chassées, où le modèle économique occidental s'imposa et où la puissance du colt devint l'un des droits fondamentaux des citoyens[4]. Dans le cinéma de Terrence Malick, le rapport à ce territoire est central. Il s'ancre dans la forme traditionnelle de l'americana[5] tout en y apportant un regard singulier.

4 Le second amendement du *Bill of Right* de 1791 fait de la possession d'arme un droit inaliénable au même titre que la liberté de parole : « Une milice bien organisée étant nécessaire à la sécurité d'un État libre, il ne pourra être porté atteinte au droit du peuple de détenir et de porter des armes. »

5 L'americana, en littérature, en musique puis au cinéma, est un courant de culture américaine mettant en avant la ruralité, souvent sudiste, les métiers manuels et la sphère familiale. Comme exemples marquants au cinéma, citons *Autant en emporte le vent* ou *City Girl*.

TERRE PROMISE

« La Terre n'appartient pas à l'homme,
c'est l'homme qui appartient à la Terre. »
citation attribuée au chef sioux Sitting Bull

D'UN MONDE NOUVEAU À UN MONDE PERDU

En regardant la filmographie de Terrence Malick, on peut y
déceler toute une histoire de l'Amérique à partir des différentes
époques représentées dans ses films.

Ainsi, *Le Nouveau Monde* aborde la « découverte » du continent par l'Occident et le mythe d'une société idéale qui préexiste
à cette découverte. Ce contexte permet au réalisateur d'exploi-
ter son amour pour la terre vierge (*wilderness*), un amour que le
cinéma a la mission de faire partager. Dans un entretien accordé
à Yvonne Baby, il explique : « C'est l'endroit où tout semble possible, où la solidarité existe – et la justice – où les vertus sont de
quelque manière liées à cette justice. Dans la région où j'ai été
élevé, chacun sentait ça très fort. Ce sentiment d'espace (en train
de disparaître) on peut néanmoins le trouver dans le cinéma qui
vous le transmettra à son tour. Il y a tout à faire : c'est comme
si nous étions sur le territoire du Mississippi au XVIIIe siècle
pour une heure, pour deux jours, pour plus longtemps, les films
peuvent provoquer des petits changements de cœur, ces changements qui reviennent à la même chose : vivre mieux, aimer plus.

Et un vieux film en mauvais état, tout battu, peut aussi nous donner ça[6]. » La terre foulée dans *Le Nouveau Monde* ne s'appelle pas encore Amérique qu'un peuple amérindien, les Powhatans, occupe déjà le territoire. On y fait la connaissance de Pocahontas (Q'Orianka Kilcher), fille préférée du chef de la tribu. L'harmonie du groupe semble parfaite et l'ordre social bien établi. C'est alors que des navires anglais arrivent sur les lieux pour y fonder la première colonie. De cette rencontre entre deux civilisations, deux êtres symboliques émergent. D'un côté, la princesse Pocahontas, femme libre vivant en communion avec la nature et les éléments – la première image d'elle la montre nageant dans l'eau, libre de ses mouvements. De l'autre, le capitaine Smith (Colin Farrell), qui apparaît pour la première fois avec les fers aux pieds : il est prisonnier sur l'un des navires et condamné à mort. C'est une fois gracié et envoyé en expédition auprès des indigènes qu'il fera la rencontre de la princesse. Smith incarne la figure fatiguée de l'Européen, avec son passif, ses blessures et le mal qu'il apporte. Mais, au cours d'une sorte de renaissance, il explore ce «monde nouveau» avec cette sidération caractéristique du cinéma malickien, où chaque chose est un émerveillement.

Si Smith, tout juste capturé, est gracié par le chef Powhatan, c'est parce que sa fille le lui a demandé. La contrepartie est simple : les Anglais devront quitter leurs terres une fois l'hiver passé. Le non-respect de cette promesse aboutit à trois conséquences : la possibilité d'une communion entre les

6 Yvonne Baby, *Quinze hommes splendides*, Gallimard, 2008, p. 92.
Extrait d'un entretien avec Terrence Malick du 17 mai 1979.

peuples s'effondre ; Smith et les Anglais apparaissent comme des traîtres et des menteurs ; et enfin, la preuve est désormais faite que la colonie compte bien s'implanter sur le territoire pour longtemps. Coloniser ce nouveau monde, c'est à la fois échapper à la couronne d'Angleterre et lui rendre hommage. Le pouvoir central perd de son emprise avec la distance, mais il guide malgré tout bien des choix. D'ailleurs, Smith préférera finalement renoncer à son nouvel éden et retourner servir la reine, choisissant l'ambition plutôt que l'amour, le besoin de reconnaissance plutôt que le bien-être. Toute la lâcheté occidentale s'incarne ici.

La communauté anglaise de Jamestown vit en autarcie[7]. Elle tente de subvenir à ses besoins et une mini-organisation politique incarne un semblant d'autorité. Boueux, malades, affamés, les colons tentent tant bien que mal de rester civilisés. À travers le portrait de cette colonie, Malick dépeint la cellule embryonnaire de toute l'Amérique. Et de cette cellule, il tire un gène particulier, celui du capitaine Smith, qui caractérise l'Européen dans son comportement.

Réussir à atteindre cette terre promise, qui n'est pas l'Inde dont rêvaient les explorateurs, a quelque chose de sacré aux yeux de ces Européens. À son retour d'expédition, Christophe Colomb écrivit à ce sujet dans une lettre adressée au roi et à la reine d'Espagne : « [L'expédition] tient du prodige et est bien au-dessus de mon mérite, mais elle a été la récompense de notre foi catholique et celle de la piété de nos rois, puisque ce

---

7 Le film fut d'ailleurs tourné à Jamestown même.

que l'intelligence humaine ne pourrait exécuter, l'intelligence divine le fait en donnant aux hommes une puissance surnaturelle. C'est ainsi que Dieu exauce les vœux de ses serviteurs et de ceux qui observent ses commandements, en les faisant triompher de ce qui semble impossible. C'est ce qui nous est arrivé dans une entreprise que les forces des mortels n'avaient pu exécuter jusqu'à présent[8]. »

Fonder l'Amérique, c'est accomplir un rêve collectif. Celui de recommencer à zéro, d'être à nouveau vierge et pur, loin de la tromperie. Or, les Occidentaux décrits par Malick sont déjà contaminés et diffusent leur souillure à des peuples innocents, qui ne connaissent pas le mot « mensonge ». L'Amérique sera ainsi : jeune et déjà hantée par les fantômes du passé.

L'action des *Moissons du Ciel* se déroule trois siècles plus tard. Dans un pays désormais industrialisé, Bill (Richard Gere) tue par accident son maître de chantier. Il fuit avec sa petite sœur Linda (Linda Manz) et sa petite amie Abby (Brooke Adams) – d'office, les protagonistes sont gangrénés par le péché. En arrivant dans la grande propriété d'un fermier, le trio va s'efforcer de se créer un nouveau cocon. Pour cela, les trois complices mentent à tout le monde en faisant passer Abby pour la sœur de Bill. Le riche fermier, gravement malade, tombe amoureux de la jeune femme, et finit par l'épouser. Mais ce bonheur est un faux-semblant : la jalousie dévore Bill, et le simulacre ne pourra durer éternellement. Le fermier finit par découvrir la nature

---

8 Le texte d'origine est en latin et ne fut jamais reproduit. Traduction de Lucien de Rosny de 1865 d'après un document de la bibliothèque impériale.

amoureuse de la relation qui unit Bill et Abby, entraînant une série de catastrophes. Les sauterelles détruisent les champs, le feu se propage dans la ferme et le fermier est assassiné par Bill. Le dernier segment du film raconte la fuite du trio jusqu'à ce que Bill se fasse abattre par un policier. Cette trajectoire, limpide, illustre bien l'état de déliquescence d'une civilisation qui vit depuis ses origines dans le mensonge et la violence.

Les Moissons du Ciel témoigne aussi d'une époque. En 1916, les États-Unis sont en passe de devenir la première puissance mondiale tandis que l'Europe se déchire dans la Grande Guerre. Le pays de l'Oncle Sam est, à cette époque, une contrée peuplée de travailleurs pauvres et de riches propriétaires. Sûr de sa puissance, il en fait la démonstration lors de son intervention en Europe aux côtés de la Triple-Entente.

Pourtant, Malick ne donne guère d'indices géographiques et historiques (comme des panneaux de contextualisations ou des repères chronologiques). Il filme les champs en plans larges sans intégrer de repères topographiques comme des routes, des poteaux électriques ou des plans de la ville dans laquelle a lieu le meurtre du contremaître. Le contexte du début du XXe siècle n'est pas ostentatoire : seuls les véhicules, l'outillage agricole et les costumes nous donnent des indices temporels. Mais jamais il n'est fait mention de la guerre, et la seule référence politique se limite à une coupure de journal annonçant le passage du président Wilson dans la région. L'histoire est censée se dérouler au Texas, sans plus de précision. Le film fut en fait tourné en Alberta, au Canada. Ce flou volontaire permet de créer là encore une semi-intemporalité ; le spectateur sait où et quand se situe l'action, mais il finit par l'oublier en chemin. L'important, c'est de montrer cette Amérique structurée, puissante économiquement (la saison des moissons est vue comme lucrative). Le fantasme d'une terre vierge et pure n'existe plus depuis longtemps, bien que la proximité des personnages avec la nature montre un attachement encore fort au sol.

Le renoncement définitif s'effectue dans *La Ligne rouge*. L'histoire se déroule pendant la guerre de 1939-1945, au moment où elle bat son plein dans le Pacifique. Le film relate la bataille de Guadalcanal, une île de l'archipel des Salomon, récupérée par les troupes américaines en 1942-1943 des mains des Japonais. Bien avant *La Ligne rouge*, des films comme *Guadalcanal Diary* (Lewis Seiler, 1943) ou *Les Diables de Guadalcanal* (Nicholas Ray, 1951) avaient traité de ce conflit. Mais surtout, un autre « The Thin Red Line » existait déjà, connu en France sous le titre *L'Attaque dura sept jours* (Andrew Marton, 1968). Il raconte l'assaut d'une colline par des soldats en proie au doute et à la peur. Les deux films sont des adaptations du livre *The Thin Red Line*[9], écrit par le vétéran James Jones. Celui de Malick n'est pas le plus rigoureux quant au déroulement des événements. Il prend aussi le contrepied de James Jones, préférant une approche spirituelle à la violence viscérale et au pragmatisme du premier. Le doute y côtoie l'ennui, et l'égarement des personnages tient une place centrale. Si la nouvelle est très courte, le film dure près de trois heures et met de côté les sujets du racisme et de l'homophobie.

---

9 Paru sous le titre *Mourir ou crever* en France, puis renommé *La Ligne rouge* dans certaines éditions après la sortie du film de Malick.

Avec la Seconde Guerre mondiale, un point de non-retour est atteint. C'est un adieu définitif à l'état de nature auquel les premiers colons ont fugacement cru. Avec le déchaînement de violence sur des territoires encore inaltérés, les soldats détruisent une terre luxuriante en se laissant entraîner par leur devoir envers l'armée. Portée par le patriotisme, la guerre justifie la destruction, elle légitime le droit de récupérer une terre aux mains d'autres hommes. De Christophe Colomb et John Smith ne reste plus que l'obsession de prendre à autrui. L'Européen des temps anciens a entièrement annihilé l'homme utopiste qui voulait refonder une société pure.

Le soldat Witt (Jim Caviezel) illustre ce passage d'un monde nouveau à un monde perdu. Réfugié sur une petite île occupée par des Mélanésiens, ce déserteur vit en harmonie avec eux. Ces derniers lui parlent, n'ont pas peur de lui. Des enfants jouent près de lui et Witt s'intéresse à leur mode de vie. La silhouette menaçante d'un vaisseau brise cette promesse de communion. Le sergent Welsh (Sean Penn) ordonne à Witt de retourner au front. Harassé, vidé de toute joie après la bataille, Witt retourne finalement sur l'île où il se cachait. Devenu colonialiste, machine à tuer, il est mis à l'écart par les indigènes, qui le fuient. Il est comme renié, chassé de leur monde. D'homme exotique, il devient une créature maléfique aux yeux de la tribu. À ce stade, l'Américain est perçu comme un dominant, un fou de la conquête et de la propriété.

Lors de l'assaut de la colline que convoitent les Marines de *La Ligne rouge*, l'un d'eux est grièvement blessé. Il réclame de la morphine mais personne ne vient. Dans un élan de courage qui confine à la folie, le sergent Welsh se risque à se découvrir face au feu ennemi et apporte de quoi soulager le pauvre homme. Lorsque le capitaine Staros (Elias Koteas) loue son acte de courage, le sergent, sous le coup de la colère, le remet en place et déclame la réplique suivante : « Posséder, tout ce bordel à cause de l'envie de posséder[10]. » À la fois pragmatique et philosophique, la phrase de Welsh résume bien le caractère insensé du mythe du territoire américain. La propriété privée y est considérée comme sacrée. Elle motive les actes, jusqu'à légitimer une guerre. Cette conception trouve son explication dans l'histoire des États-Unis. Puisque les shérifs étaient parfois trop loin pour pouvoir protéger les citoyens – et notamment les fermiers –, ceux-ci étaient en droit de se défendre eux-mêmes, quitte à recourir à la violence. Et tout ça dans le but de défendre leurs possessions. Car posséder, c'était chasser l'Indien ou le voisin, c'était pouvoir développer son agriculture et imposer son autorité. Le cinéma américain a souvent questionné le bien-fondé de cette conquête. Par exemple, dans *Pale Rider* (Clint Eastwood, 1985), le fondateur de la ville de LaHood tente de chasser une communauté de mineurs en se justifiant par le besoin de possession. En face, la légitime défense des habitants se fonde sur le droit à jouir de leurs terres.

10 Toutes les traductions sont de l'auteur.

L'importance de la propriété s'illustre jusque dans le découpage des États et des espaces cultivés. Les lopins de terre étaient segmentés en rectangles appelés *townships*[11]. Ainsi, à grande échelle, des États entiers prennent la forme de rectangles, comme le Texas. Le pays de l'Oncle Sam n'a eu de cesse de gagner ainsi du terrain, petit à petit. On l'entraperçoit dans *Le Nouveau Monde* avec les cultures des colons qui entourent leur village fortifié. En parallèle à ce maillage du terrain, les États-Unis rachètent la Louisiane à la France (1802), annexent le Texas aux dépens du Mexique (1845) et récupèrent l'Alaska aux Russes (1867). C'est aussi le début de la ruée vers l'or et du développement des moyens de communication. Le train permet de relier les villes et les États, de faire circuler citoyens et marchandises, bref, de structurer le pays. Lorsque Sergio Leone réalise *Il était une fois dans l'Ouest* (1968), il fait du train le principal moteur des évolutions du pays, qui connecte la ville au reste du monde. La gare est un lieu de rencontres abruptes pour l'homme à l'harmonica (Charles Bronson), ou de rencontres ratées pour Jill (Claudia Cardinale). Le train, c'est le monstre d'acier qui met en lien les frontières et qui, pour le cinéma, apporte un élément étranger dans un environnement encore sauvage.

« Frontière » est un mot qui désigne la séparation entre deux États. Mais dans l'histoire de la conquête de l'Ouest, ce

---

11 À partir de 1862, l'État vend ces *townships* par parcelle. Chaque *township* a la forme d'un carré de 6 miles. À l'intérieur, 36 parcelles. Chacune d'elles est vendue à des fermiers de l'Est pour qu'ils s'implantent plus à l'Ouest. En contrepartie, l'État administre la région d'un ou plusieurs shérifs. Petit à petit, grâce à ce système, le pays gagne du terrain à l'Ouest.

terme désigne surtout le «front pionnier», c'est-à-dire la zone mouvante entre l'espace non colonisé de l'Ouest et les régions habitées de l'Est[12]. L'Ouest a longtemps représenté un idéal. C'est cet esprit de frontière qui a forgé une mentalité, qui a guidé l'évolution des institutions et, surtout, qui a forgé ce patriotisme encore vivace aujourd'hui.

À bien des égards, Malick s'ancre dans une tradition du cinéma américain en traitant de la conquête et de la possession. *La Ligne rouge* et *Le Nouveau Monde* en sont la preuve. Mais, dans son œuvre, l'homme n'est jamais conquérant de l'espace. Aucun de ses films ne montre l'homme comme dominateur de l'environnement : les poteaux électriques sont rares (alors qu'ils représentent un élément central du Far West, puisqu'ils sont un pilier de la communication[13]) et presque aucune route ne scinde les déserts. Les westerns classiques multiplient pourtant ces compositions de plans où le cow-boy surplombe la vallée, le regard au loin. Grâce aux nuits américaines[14], il peut même admirer le paysage en pleine nuit.

La Balade sauvage illustre bien ce constat. Dans un road-movie, le principe est de traverser le pays pour se rendre d'un

12 Les historiens des États-Unis se sont largement penchés sur le sujet. Deux ouvrages questionnent la notion de frontière et son importance : Duban Royot, *L'Ouest américain, les valeurs de la frontière*, Autrement, 1997, et Pierre Lagayette, *L'Ouest américain : réalités et mythes*, Ellipses, 1997.

13 Dans *La Balade sauvage*, Kit s'en sert comme repère quand il fuit en voiture, mais pendant peu de temps. Le reste du film, la voiture a plutôt l'air de rouler au milieu de nulle part.

14 Des scènes de nuit qui sont tournées de jour et sur lesquelles on applique un filtre, d'où l'aspect bleuté à l'écran.

point A à un point B[15]. Or, la fuite de Kit (Martin Sheen) et Holly (Sissy Spacek) n'a pas de réel point de chute. Toutes les scènes où ils sont en voiture les montrent perdus dans le désert. Leur direction demeure vague : la frontière, objectif apparu tardivement, est derrière les montagnes. Les routes ne régissent pratiquement pas la direction de la fuite. Et quand le couple se cache dans une ferme ou une forêt, aucun élément de contextualisation n'entre en jeu. Rien ne caractérise la forêt dans laquelle ils se réfugient. Rien ne connecte les maisons qu'ils visitent avec la communauté qui les entoure. Bois et bâtisses sont des îlots, des bulles où évolue le drame des personnages. Ce manque de repères s'accentue par les ellipses et l'aspect vaporeux déjà présents dans ce premier film.

PERSONNALISER LA TERRE CONVOITÉE

Kit se comporte comme le colon européen du nouveau monde. Il vole le territoire des autres. En assassinant le père de Holly et en brûlant la maison, il s'approprie le lieu et ses habitants. C'est textuellement une politique de la terre brûlée. Il en va de même quand il arrive chez n'importe qui : il s'approprie le lieu et le façonne à son image. Quand le couple se réfugie dans la forêt,

15 Dans l'ouvrage *Road-movie, USA* paru en 2011 et co-écrit avec Bernard Benoliel, Jean-Baptiste Thoret prend comme point de départ au road-movie « le principe d'Oz ». Il estime que le film attribué à Victor Fleming contient les deux directions du road-movie : la ligne droite donc, aller d'un point A à un point B mais aussi la spirale, c'est-à-dire revenir à son point de départ.

il s'accommode d'une cabane pour mener sa vie de bohème. Là encore, il s'accapare un espace qui devient sa propriété, même si ce n'est pas légitime. Dans la même logique, l'appropriation de la terre par les colons fait partie d'un processus visant à implanter un système d'exploitation. Smith est envoyé en émissaire pour négocier un partage avec les Amérindiens. Or, ceux-ci refusent toute collaboration. L'occupation se fait donc par spoliation. La terre vierge devient un espace de culture, appelée « implantation », et un commerce devient possible. Les champs sont non seulement l'endroit où se joue la survie, mais aussi un espace de rencontres. Smith y voit pour la première fois Pocahontas ; deux univers s'y croisent. Le champ est un espace d'amour et de conflit, un endroit de culture comme de destruction.

Dans le cas des *Moissons du ciel,* cette problématique est encore plus évidente. Le mensonge prend racine dans les champs. Non seulement les protagonistes jouent à être frères et sœurs et exploitent cette terre, mais, surtout, leur mensonge a pour finalité de récupérer définitivement les terres du fermier mourant. Car en se mariant avec le propriétaire des lieux, Abby devient l'héritière du domaine. Le bien foncier est synonyme de stabilité et de bonheur aux yeux des personnages. L'appât du gain est clairement énoncé par la petite Linda en voix off : « Ce fermier, il avait beaucoup de terres et d'argent », glisse-t-elle au milieu du portrait plutôt aimable qu'elle en fait.

En somme, les personnages de Terrence Malick sont profondément américains en ceci qu'ils ont assimilé la légitimité de la propriété. À chaque fois, des personnages masculins vont chercher leur dû, tels des cow-boys délimitant leur territoire : le Capitaine Newport (Christopher Plummer), Kit, Bill, Welsh.

ENRACINEMENT ET DÉRACINEMENT

Mais le cinéma de Malick vise bien au-delà de l'horizon terrestre. Il explore même l'espace avec *The Tree of Life*. Dans ses passages cosmiques, le film revient aux origines de l'univers et de la Terre. Sont alors montrés le big-bang, les météorites, la création des volcans, l'apparition de la vie et son évolution jusqu'à sa possible extinction. Malick va puiser non plus simplement dans les origines de l'Amérique, mais dans celles de tout être humain. Son cinéma se fonde sur les racines du monde, sur les racines des civilisations et des familles. La partie plus intime du film, et la plus simple, se focalise sur les souvenirs de Jack (Sean Penn), architecte errant au milieu de buildings de verre et de béton. Il se remémore son enfance passée au Texas dans les années 1950. Comme un parallèle aux passages cosmiques, Jack se replonge dans les origines de sa vie, l'arrivée de ses frères, la mort de l'un d'eux, la difficulté de faire face à la perte d'un être cher. En ressortent, comme un poème, les éléments les plus ancrés dans la chair du réalisateur. Malick est né et vit au Texas. Il y habite une demeure à Austin, proche de la nature, où les biches se promènent dans son jardin. Son pays, les contrées qu'il aime, il les filme, il les explore, il les fait partager. Avec *The Tree of Life*, son ode à la vie se nourrit de ce qui l'a marqué étant enfant. Pour filmer cela, il a rebâti un quartier entier près d'Austin. Les gens vivaient sur place, comme si le plateau de tournage et le vrai monde ne faisaient qu'un. Le procédé rappelle celui adopté sur le tournage du *Nouveau Monde,* où le fort de Jamestown avait été refait de toutes pièces. C'est une communauté perdue qui se recrée dans *The Tree of Life* : celle de l'Amérique industrielle post-Seconde Guerre mondiale. Le quartier ressemble à un îlot de bonheur. Dans cette banlieue calme s'épanouissent des enfants auprès de leurs parents. Ils y découvrent le partage, l'autorité, la beauté des choses, la cruauté et les pulsions. Au-delà de cet apprentissage, il est question de la fragilité de l'existence. La vie y est comme un écrin prêt à se briser à tout moment. Et c'est précisément parce qu'il s'enracine au plus profond du monde intime de Malick que le message a tant de force. La mort n'est cruelle que lorsqu'elle s'abat sur notre entourage. Ici un enfant qui se noie, là un adulte en pleine crise d'épilepsie ; et puis, des années plus tard, un frère meurt loin de chez lui, à la guerre. Le film n'insiste pas sur ce qui a mené le plus jeune des frères à périr. Cette invisibilité du corps sans vie rend la mort encore plus dure à concevoir et à accepter. Lorsque l'un des enfants avec lequel joue Jack se noie, cela se passe au sein d'une communauté. Cela n'enlève rien au choc, ni à la violence, mais le deuil peut s'accomplir à travers une communion et une solidarité de voisinage. Avec la mort du frère de Jack, c'est toute une communauté qui se sent déracinée.

Cet attachement au Texas, *La Balade sauvage* l'explorait déjà à sa manière. Le film se passe dans une banlieue semblable à celle de *The Tree of Life.* Les personnages évoluent dans un cadre typique de l'*American way of life*. Le rêve d'une majorité d'Américains, c'est la réussite sociale : trouver sa place au sein de sa patrie, se sentir utile en ayant un travail ou des enfants. De l'*American way of life* découle une forme de fascination pour la consommation, étendard d'une réussite matérielle. Or, pour Kit comme pour M. O'Brien (Brad Pitt), ce modèle de vie pèse sur leur existence. Ils ne sont pas dans la misère la plus totale, mais leurs échecs face au monde du travail freinent leur émancipation. Le premier est un petit travailleur qui se fait renvoyer de l'entreprise d'éboueur qui l'employait, et qui ne retrouve pas de travail par la suite. Frustré, il songe à partir avec Holly, quitte à tomber dans l'illégalité. Pour O'Brien, c'est plutôt l'impossibilité de gravir les échelons qui le cloue à sa condition. Et quand on lui demande de déménager pour conserver son poste, il est contraint d'accepter. Le sacrifice, c'est de revendre son cocon familial et de quitter le quartier. Les séquences de souvenirs se terminent d'ailleurs sur cet épisode et sur le déracinement qu'il représente.

Avec *À la Merveille*, Malick prend à bras-le-corps le thème du déracinement. Neil (Ben Affleck) et Marina (Olga Kurylenko) s'aiment à Paris. Elle y habite, mais lui vient des États-Unis. Après quelques atermoiements, il se décide à lui demander de venir vivre outre-Atlantique. Le couple s'épanouit un temps en compagnie de la fille de Marina (Tatiana Chiline). Mais l'enfant, loin de chez elle, veut rentrer. « Il y a un truc qui manque » dit-elle à sa mère. Après une phase d'euphorie à son arrivée, elle se sent seule. Elle ne se fait aucun ami en Amérique. Finalement, la petite quitte sa mère pour rejoindre son père naturel. Pour

Marina, le départ de sa fille précipite sa solitude. Le couple se délite lentement. Et lorsque le visa américain de la Française arrive à terme, Neil ne la retient pas. Elle est contrainte de retourner en Europe. Elle reviendra par la suite auprès de Neil, mais la raison est plus floue. Aucun élément n'indique combien de temps s'écoule entre ce départ et le retour. Marina aurait eu la promesse d'un mariage blanc pour retourner vivre aux États-Unis, mais c'est avec Neil qu'elle se marie finalement.

En adoptant essentiellement le point de vue de Marina, *À la Merveille* fait de la banlieue américaine un espace froid, sans vie, où la solitude prime. C'est la première fois dans la filmographie du cinéaste que le pays est montré sous un jour aussi déshumanisé. Marina erre dans les rues. Certes, elle y tournoie et danse dans un magasin. Mais cette beauté n'est rien comparée à une France idéalisée, notamment représentée par le parc Monceau et le Mont Saint-Michel. Pourtant, quand elle est contrainte de rentrer à Paris, elle continue de se sentir seule. Le déracinement, ce n'est pas vivre dans un endroit malveillant, c'est simplement ne pas trouver sa place dans un environnement, ne pas réussir à y prendre racine. Lors d'une discussion entre Marina et son amie italienne (Romina Mondello), celle-ci lui dit qu'elles sont deux gitanes, c'est-à-dire des femmes sans attache, qui fuient toujours plus avant. C'est à la fois ce qui leur confère une liberté et ce qui les confronte à une solitude permanente. Si Marina ne s'épanouit pas, c'est qu'elle n'arrive pas à rentrer dans le carcan des règles établies. Elle essaie en vain de provoquer l'accident du quotidien qui fait de chaque jour un moment unique. À ce titre, sa légèreté ne se satisfait pas de l'immobilisme de l'Amérique tel que le filme Malick. L'Europe est un endroit facile pour aimer, tandis que l'Amérique est un lieu de trahisons et d'abandons. Le trajet de Pocahontas était inverse, elle aimait en Amérique et se perdait en Europe. Mais il y a une constante : la fracture se fait sur le sol américain.

Ce va-et-vient des continents illustre la difficulté à se sentir chez soi. Vivre en Amérique, pour Marina comme pour Smith, c'est être loin de leurs racines, des terres qui les ont vu grandir. Ce constat atteste de l'attachement de chacun à sa bulle. Comme si l'Europe et l'Amérique, en dépit de leur cousinage, étaient encore deux mondes hermétiques, incompatibles. D'ailleurs, quand Marina repart en France, elle finit par s'épanouir et par avoir un autre enfant. Neil, quant à lui, mène une vie pleine de regrets aux États-Unis.

LES MARIÉS ET LES VAGABONDS

De manière transversale, deux éléments récurrents portent ces questionnements sur l'enracinement et le déracinement. Le premier est le mariage. De Pocahontas et Rolfe à Marina et Neil en passant par Abby et le fermier, ces unions forgent un enracinement. En s'engageant, les amants attestent devant une communauté leur envie de s'épanouir en son sein. Or, tous ces mariages sont forcés. Neil hésite à s'engager et quand il accepte enfin, quelque chose s'est déjà brisé dans son couple. Le mariage d'Abby est, quant à lui, un pur mensonge. Seul celui de Pocahontas, au départ accepté par pur besoin social, s'épanouit en un amour véritable, certes moins idéal que ses émois avec Smith. Ce qui forme le ciment du couple aux yeux de la loi et de la religion ne s'accorde pas avec une véritable plénitude amoureuse pour les personnages de Malick. À un moment ou à un autre, l'un d'eux finit par prendre le large.

Et c'est un second élément – encore plus récurrent – qui atteste du déracinement des personnages : le départ qui clôt l'histoire. *À la Merveille* s'achève donc sur une séparation, avec le départ définitif de Marina. C'est aussi le cas du *Nouveau Monde,* où Rolfe retourne sur les terres américaines avec son fils alors que sa femme est morte. Toujours sur mer, les soldats de *La Ligne rouge* quittent le front et rentrent au bercail. Dans *Les Moissons du ciel,* la petite Linda s'échappe d'un orphelinat avec une amie et part on ne sait où le long d'un chemin de fer. La fuite criminelle du couple de *La Balade sauvage* prend fin à bord d'un avion, alors que les amoureux sont cernés par des policiers. Holly, en voix off, nous apprend que Kit sera condamné à mort et qu'elle s'en tirera, de son côté, avec quelques mois de prison. En ce sens, ils ont été physiquement déracinés du sol, eux qui étaient restés jusque-là dans un rapport horizontal à l'espace. Dans *The Tree of Life* enfin, les ultimes souvenirs de Jack sont ceux où il déménage et quitte son quartier.

À eux seuls, ces deux éléments résument l'attachement de Malick à un espace chéri par les personnages. L'épanouissement se fait chez soi, proche des siens. Quitter sa terre, se faire renier par ses pairs, c'est déjà un peu mourir, ou du moins ne plus pouvoir grandir et s'élever. Souvent, Malick accompagne ces adieux déchirants d'une musique funèbre, comme pour pleurer l'échec d'une mixité sociale rêvée. Si l'Amérique est une terre de promesses dans ses six films, c'est précisément parce qu'elle comporte la promesse d'une plénitude, d'un enracinement et d'un épanouissement. Ce n'est pas toujours le même continent qui est douloureux à quitter selon les personnages, mais Malick démontre que chacun trouve une terre promise au pied de l'arbre qui l'a vu grandir.

MONTRER LA VIOLENCE

«Pourquoi ne reviens-tu pas de la guerre, ramasse ton léger fardeau.

Pourquoi ne reviens-tu pas de la guerre, elle ne fait que commencer.

Pourquoi ne reviens-tu pas de la guerre, peux-tu m'entendre parler?»

Traduction de «There Is a War», de Leonard Cohen

L'HOMME REVOLVER

«Un poète qui s'appelle Revolver.» Ferdinand, alias Pierrot le
fou, se présente ainsi dans le film éponyme de Jean-Luc Godard
(1965). Le couple de criminels qu'il forme avec Marianne
(Anna Karina) fait souffler un vent de contestation libertaire
dans le cinéma français. Huit ans plus tard sort *La Balade
sauvage*. Là encore, un couple criminel et un homme qui se
rêve en poète-revolver. Sauf que l'aventure du film de Malick
n'a rien d'une errance poétique. Celui-ci s'inspire d'un fait réel
survenu en 1958: Charles Starkweather, 20 ans, et Caril Fugate,
13 ans, commettent onze meurtres (dont celui de la petite sœur
de Caril, étranglée et poignardée). Finalement arrêtés, Fugate
et Starkweather se déchirent au procès. La première accuse le
second de l'avoir retenue en otage et de lui avoir caché que sa
famille avait été tuée. Starkweather, lui, estime que Fugate a
participé aux meurtres et qu'elle est «la personne à la gâchette
la plus facile» qu'il ait rencontrée. Une phrase reprise telle
quelle par le personnage de Holly dans le film à propos de Kit.

Ce dernier est un homme-révolver, prêt à tuer quiconque se dresse sur son chemin. La romance meurtrière de *La Balade sauvage* est à la fois proche et éloignée de ce fait réel.

Kit et Holly fuient les autorités du pays après le meurtre du père de la jeune fille (qui dans le film est plus âgée que son modèle réel). La véritable Caril Fugate est venue sur le tournage aider Sissy Spacek à forger son personnage. Pour autant, Holly a sa propre mythologie, sa propre existence et le spectateur n'a jamais l'impression d'être face à un biopic. À ce titre, Kit, personnage marginal, fait de cette fuite une recherche inconsciente de sens. Les meurtres commis émaillent la trajectoire du couple.

Le principal parallèle avec le film de Godard vient de la caractérisation des protagonistes masculins. Tout le monde se souvient de Jean-Paul Belmondo, le visage peint en bleu, se faisant sauter avec de la dynamite autour de la tête. L'image persistante de Kit dans *La Balade sauvage* vient de son mimétisme avec James Dean. À l'époque où le film se déroule (en 1956), Dean, figure de rébellion du moment, vient de mourir dans un accident de voiture. Ce rebelle sans cause, Kit l'imite, notamment avec sa mèche qu'il recoiffe machinalement, comme par coquetterie virile. Il se prend pour un caïd de bande, se fait passer pour un dur à cuire qui démissionne de son boulot minable d'éboueur, alors qu'il a en fait été licencié. Pour se venger, il laisse choir les clés du camion-poubelle dans un tonneau. Il aime s'affirmer comme un cow-boy, s'en vantant même auprès de sa petite amie.

Mais du cow-boy, il n'a que l'allure. Il dit s'occuper des vaches, mais frappe l'une d'elle à la tête. Il maltraite le bétail. En lieu et place d'un rebelle libertaire, il « se transforme en épouvantail avec ses bras croisés sur le fusil[16] ». Ce rebelle coquet porte en lui une contradiction de taille. Il incarne simultanément la figure du criminel et celle de l'homme empreint de valeurs conservatrices, qui émet des conseils de bonne conduite au dictaphone. Dans un entretien avec Michel Ciment, Malick revient sur l'admiration de Kit envers le modèle bourgeois : « Il considère que la plupart des gens qu'il tue n'ont pas d'importance. La seule personne qu'il ne tue pas et qui pourrait être un danger est l'homme riche. Mais il l'épargne, car c'est un personnage selon son cœur. Il a de la sympathie pour lui et non pour l'ami avec lequel il travaillait. C'est un autre aspect de son conservatisme et de son respect pour les valeurs américaines[17]. » À ce titre, Kit se soumet avec beaucoup de courtoisie aux policiers qui l'arrêtent. L'uniforme fait autorité. Il fait partie du mythe, de la part d'imaginaire qui assoit un statut. Lui, c'est le criminel romantique, eux, ce sont les justiciers. Du moins dans son esprit, car la réalité est bien plus triviale. Même l'un des policiers présent à son arrestation joue avec son arme à feu comme un enfant.

La référence la plus évidente de ce long-métrage reste bien sûr le *Bonnie and Clyde* d'Arthur Penn (1968). L'histoire est à peu près la même, sauf que le romantisme et l'empathie des protagonistes pour le monde des vivants est plus fort. Clyde fait attention à sa réputation, il cherche à devenir un modèle

---

16 Ariane Gaudeaux, *La Balade sauvage*, Les éditions de la transparence, 2011, p. 29.

17 Michel Ciment, *Petite planète cinématographique*, Stock, 2003, p. 432.

pour le public et se dévoue pour Bonnie, tandis que Kit, malgré son apparent souci de protection et de galanterie, n'a guère conscience du monde réel. Dans le cas du film de Penn, des individus luttent contre un schéma social, alors que, chez Malick, les fuyards ne luttent que pour rester enfermés dans leur monde.

IL ÉTAIT UNE FOIS LE CRIME

Pour Holly, la fuite prend la forme d'un voyage initiatique. Dans sa mousseline bleue, elle n'est pas sans rappeler la Alice du conte de Lewis Carroll. D'ailleurs, *La Balade sauvage* se rapproche par bien des aspects du conte[18].

Par son traitement, Malick insère dans son histoire une série de topos, à commencer par le voyage loin de chez soi. Le film a tout du road-movie tel que défini par Jean-Baptiste Thoret, dans la mesure où il n'est pas qu'un simple cheminement territorial, mais aussi une «recherche de sens de ce qui nous échappe». *La Balade sauvage* utilise cependant une imagerie plus fantaisiste encore de la «balade». D'ailleurs, le film connut une autre traduction, longtemps perçue comme une erreur. Sur la jaquette du DVD français, il était titré «La Ballade sauvage» avec deux «l». Si le sens du mot «ballade» a évolué depuis ses origines médiévales, on accepte le terme comme qualifiant un récit ou une chanson racontant généralement un amour entre deux

---

18 Ariane Gaudeaux, *op. cit*. Le livre développe longuement cette théorie.

personnages. Il a des connotations épiques et dramatiques. L'utilisation de ce terme pour traduire *Badlands* a quelque chose d'ironique. Le film ne parle pas tant d'amour que de son délitement à travers le point de vue de la jeune femme. De plus, le crime *a priori* passionnel du père n'est en fait que la réaction de panique d'un jeune homme violent à l'extrême. Mais, au fond, il correspond bien à l'allure de conte qu'a voulu donner Terrence Malick à son film.

En mettant en avant le caractère vaporeux et romanesque de la fuite, le réalisateur omet le plus sordide. La portée du message en devient plus universelle. Une fausse dédramatisation s'opère par cette forme. À bien des égards, Holly est une proche cousine de Dorothy du *Magicien d'Oz*. Cette œuvre, célèbre aux États-Unis, raconte le parcours initiatique d'une jeune femme emportée par une tornade. Elle se retrouve dans le monde d'Oz, sorte de paradis menacé par une sorcière. Quand Holly s'élève dans les airs pour la première fois, à savoir dans l'hélicoptère des autorités, elle quitte l'enfer vécu avec son compagnon. Elle s'élève seule, alors que lui reste prisonnier du monde horizontal de la fuite. La combinaison d'une musique féerique et d'une contre-plongée presque verticale donne la sensation qu'Holly a retrouvé sa place parmi les cieux[19].

Pendant presque toute la durée du film, les personnages semblent condamnés à vivre leur escapade comme un conte terrestre. Il y a bien une montgolfière au début de *La Balade sauvage*, celle que Kit libère au milieu d'un champ de coquelicots, mais

19 *Ibidem*, p. 99.

45

personne ne se trouve à l'intérieur. Sauf que s'envoler, pour Holly, c'est s'extirper d'une condition qui devient trop lourde à vivre. Elle est soulagée d'être capturée, soulagée de rentrer chez elle. Holly et Dorothy partagent surtout l'envie de rentrer chez elles après l'excitation éphémère de l'aventure.

LA BAGUETTE MAGIQUE

En ce qui concerne Kit, son comportement violent l'assimile à un magicien dangereux. L'utilisation d'une arme (qu'il s'agisse d'une arme à feu comme ici ou d'une arme blanche) a une dimension sexuelle évidente. Les ceintures à colts et les fourreaux d'épées se portent à la taille. Le but de brandir ces objets dangereux est de faire mal et d'affirmer son pouvoir. Kit se rêve en héros «testostéroné». Mais il échoue à affirmer sa puissance. On assiste à une scène de sexe avortée, au pied d'un arbre, au début de la romance. C'est la première désillusion d'Holly à l'égard de son prince charmant.

Il ne sait pas utiliser «sa baguette magique», comme un magicien qui ne fait pas illusion. Pour compenser, Kit affirme sa virilité autrement : en ayant la gâchette facile. En se prenant pour un cow-boy, il fait de son arme une composante de son pouvoir. Quand il braque M. Sargis (Warren Oates), le père d'Holly, il l'avertit qu'il n'hésitera pas à tirer. Ne croyant pas à la dangerosité de celui qu'il considère comme un gamin impudent, le père descend les escaliers pour prévenir la police. C'est parce qu'il perd le contrôle de la situation que Kit fait feu.

Si sa violence s'était déjà exprimée contre des vaches ou des poubelles, il franchit un cap dans la barbarie. Dès lors, il tirera aisément. Son ami Cato rentre chez lui pour avertir la police de la présence des criminels et se fait tirer dessus. Un couple débarque inopinément à ladite ferme. Après les avoir enfermés dans un abri anticyclone, Kit tire encore, la porte fermée, sans même s'inquiéter de savoir s'il fait mouche. Le pouvoir phallique de Kit s'affirme à travers cette baguette magique qui lui assure un statut : celui de criminel en fuite, de rebelle, d'amoureux transi et de digne successeur de James Dean. Du moins à ses yeux.

« Je voulais que l'image se dresse comme un conte de fée, hors du temps ». Cette phrase, tirée d'une interview de Malick[20], en dit long sur l'aspect éthéré que donne le réalisateur à ce film. La violence n'est pas filmée frontalement, mais elle demeure prégnante. Selon Martin Sheen, la principale directive du réalisateur était bien d'utiliser l'arme comme une baguette magique. Pour lui, le tueur pensait : « Ce n'est pas grave, ce n'est pas contre toi, tu es sur mon chemin, désolé. Paf ! Tu disparais[21]. » Pointer l'arme, c'est le moyen de se débarrasser d'un obstacle. Et le conte, comme toute histoire, est fait d'obstacles. Le meilleur moyen de parvenir à ses fins, c'est de les éliminer.

---

20 Beverly Walker, « Malick on Badlands », *Sight and Sound*, p. 83.

21 Ariane Gaudeaux, *op. cit.*, p. 49.

Le principe du conte, c'est d'aboutir à une morale qui puisse servir aux jeunes générations. Il a souvent été reproché au *Magicien d'Oz* de véhiculer l'idée qu'on ne se sentirait bien que chez soi. De *La Balade sauvage*, aucune morale ne ressort. Or, chez Fleming comme chez Malick, il transparaît un appel permanent de l'aventure. L'absence d'injonction finale de *La Balade sauvage* détermine le rapport moral du film, celui de ne pas pointer du doigt l'acte commis. Mieux encore, Malick suspend le jugement – ce qui lui fut reproché à l'époque de la sortie. Face à une violence qui n'est pas filmée comme repoussoir, le spectateur ressent une gêne. Le premier réflexe serait pourtant de juger ces deux criminels. Dans le même temps, la tentation d'identification voudrait qu'on héroïse le hors-la-loi, comme on héroïse Scarface, les Corleone, etc. Pourtant, à l'instar de Fritz Lang dans *M le Maudit*, mais dans un autre registre, Malick se place en dehors de tout manichéisme. Lang fait de Hans Beckert (Peter Lorre), alias M, un personnage clairement abject, néfaste pour la société et devant être puni. Sa figure archétypale représente l'incarnation du mal. Or, la séquence du procès perturbe la position du spectateur en faisant de sa soif de justice un danger populiste. Lang dénonçait la propension au lynchage et prônait une justice qui répare et non qui venge. Malick mise sur le regard juste, qui comprend sans juger. C'est pour suspendre ce jugement qu'il use de la fantasmagorie, qu'il ne montre pas ou peu les cadavres, et qu'il ne filme pas l'exécution de Kit.

En ne glorifiant ni Kit ni Holly, le cinéaste questionne notre représentation du héros, ou de l'antihéros. Il refuse toute explication sociologique du passage dans l'illégalité. Il expose des faits et rien d'autre. Dès ce premier film, il impose un parti pris central de son cinéma : poser des questions sans offrir de réponse. En cela, il est le héraut d'un cinéma modeste, au sens où il éveille l'esprit critique sans imposer un discours moral.

L'acte de tuer se résume à une chasse entre un homme qui vise et un autre qui devient sa proie en se trouvant au mauvais endroit au mauvais moment. La mort de Cato, ami de Kit, ne choque à aucun moment ses bourreaux. Ils le laissent agoniser tandis que la jeune fille s'interroge sur la manière de nourrir une araignée. Les corps des victimes ne sont jamais enterrés ; ils sont abandonnés, comme si toute humanité leur était déniée. Kit n'a ni remords ni considération pour leurs souffrances. C'est que les criminels ignorent l'existence du reste du monde. Holly ne semble à aucun moment perturbée par la disparition de sa famille. Elle considère la mort de son père avec le même détachement que celui de son chien un peu plus tôt.

Tzvetan Todorov[22] estime que le meurtrier ne conçoit pas l'autre comme un « je », mais comme une abstraction. À partir de là, alors que les corps et les âmes, dotés d'un passé, d'un présent et d'une vision de la vie, s'avèrent difficiles à éliminer, il devient plus aisé pour ces personnages de conte de faire disparaître des abstractions. L'humain doit faire un effort pour

---

22 Tzvetan Todorov, *La Conquête de l'Amérique.*
La question de l'autre, Le Seuil, 1982.

se rendre compte que le « tu » est un autre, qu'il n'est pas une substance homogène. Il n'est pas aisé d'avoir conscience de l'existence d'autrui en tant qu'être vivant au même titre que soi.

Sa démonstration, Todorov l'appuie sur l'exemple de la découverte de l'Amérique et du comportement des premiers colonisateurs. Christophe Colomb voyait les Amérindiens comme des éléments du paysage, qu'il considérait comme n'ayant ni culture, ni coutume, ni religion. Il ne les voyait pas comme des humains sociabilisés au même titre que lui. Pour Todorov, un tel rapport aux Amérindiens a facilité leur massacre et l'inaction face au choc bactériologique qu'ils subirent[23].

Les autres personnages des films de Malick n'ont pas ce souci de négation de l'altérité – pas même les colons du *Nouveau Monde*. En revanche, la violence est souvent mise en sourdine. Le traitement de la violence du père dans *The Tree of Life* rend l'autorité froide de ses ordres aussi glaçante que ses colères. Le principe de l'autorité, c'est d'obéir sans poser de question. Le jeune Jack se risque rarement à répondre, et quand il le fait lors d'un déjeuner, il déchaîne la foudre paternelle. La famille entière s'en retrouve déséquilibrée. Jack est puni, le cadet aussi, et la mère quitte la pièce. Seul le père revient à table finir son repas. C'est ce père qui donne les punitions, comme lorsque Jack claque la porte et qu'il la lui fait refermer sans bruit cinquante fois. Son départ en voyage d'affaire en Chine sonne comme un soulagement pour l'ensemble de la cellule familiale. Les trois

---

23 Les chrétiens n'agirent pas face à ce choc bactériologique des Amérindiens car ils y voyaient le châtiment promis par Dieu envers les idolâtres.

enfants jouent avec leur mère qu'ils effraient avec un reptile. Jack claque la porte volontairement et se moque des ordres du père : « Tu ne claques pas la porte ! » La famille est heureuse. C'est donc le père qui porte le poids d'une violence sourde. Elle ne dit pas son nom et elle n'est finalement qu'une méthode d'éducation autoritaire.

Mais qu'y a-t-il de plus écrasant que la fausse légèreté ? Qu'y a-t-il de plus assourdissant qu'un silence ? Rien. L'annonce de la mort de R. L. (l'enfant blond de la famille) en atteste. Un matin calme, un facteur arrive. Sans un mot, Mme O'Brien ouvre la lettre, dans la continuité d'un plan souple et aérien. Un silence pesant, suivi d'un sanglot déchirant. En quelques secondes, la plus cinglante des tragédies frappe la famille. Malick n'a pas besoin de nous faire lire la lettre, ni d'insister en gros plan sur les contorsions de douleurs de Mme O'Brien. Quelques bribes de râles maternels suffisent à créer un contraste avec le silence qui précède. Comme si le souffle de la mère tentait de remplacer la respiration impossible du fils. Un *cut* brutal sur l'aérodrome où M. O'Brien travaille interrompt la scène. Le vacarme de ce lieu de travail est assourdissant. Au téléphone, la grimace du père indique qu'il comprend difficilement ce qu'on lui dit. Pas un seul mot n'est audible au spectateur. Mais, par un simple changement d'expression du visage de Brad Pitt, l'onde de choc se propage. Les bruits environnants s'évaporent. L'enfant mort au Vietnam était le plus choyé. L'injustice apparaît encore plus terrible. La mère ne cesse de demander pourquoi Dieu lui a pris son fils, elle qui déclarait : « Je te serais loyale quoi qu'il arrive ». La mise en sourdine et le hors-champ (on ne saura rien des conditions du trépas du fils) décuplent l'effet coup-de-poing de l'événement. Dans *À la Merveille*, le même procédé de violence sourde traverse le film. La puissance physique de Neil contraste avec la fragilité apparente de Marina. Les disputes sont mises en sourdine. La violence conjugale pourrait gangrener le foyer, nous ne le verrions pas frontalement. Pourtant, Marina semble piégée comme un moucheron dans une toile d'araignée. Elle ne parvient pas à se dépêtrer de l'emprise de son mari.

LA « BRUTALISATION » DE LA SOCIÉTÉ AMÉRICAINE

Tout en se méfiant d'un déterminisme sommaire, il convient de s'attarder brièvement sur le rapport qu'a entretenu Malick avec la violence au cours de sa vie. Les figures emblématiques sur lesquelles il a enquêté disent toutes quelque chose de la violence moderne aux États-Unis : Che Guevara, Martin Luther King et Robert Kennedy. La mort des Kennedy, point de rupture dans la représentation de la violence, irrigue alors tout le cinéma américain de l'époque. L'assassinat du président John Fitzgerald en 1963 provoque une onde de choc sans équivalent aux États-Unis. Thoret[24] voit dans cet événement filmé par un amateur un point de non-retour. Les assassinats du frère du président, Robert Kennedy, ainsi que de Martin Luther King, le tout ajouté aux agissements du Black Panther Party,

---

24 Jean-Baptiste Thoret, *26 secondes, L'Amérique éclaboussée,* Rouge Profond, 2003.

aux émeutes raciales et aux images de la guerre du Vietnam, sont autant de fragments d'un kaléidoscope caractéristique de l'Amérique des années 1960-1970. Les journaux télévisés deviennent les réceptacles de tous ces incidents. Malick s'est retrouvé au cœur de ces événements. Pour ses travaux de journalistes, il les a forcément étudiés et décryptés.

Autre détail biographique troublant : le destin de deux frères de Terrence. L'aîné, Chris, fut gravement blessé dans un accident de voiture. Larry, son second frère, parti en Espagne pour apprendre la guitare, désespère de ses échecs, se casse les mains et se suicide. Aucun indicateur ne permet de jauger l'influence de ces événements sur les six films de Malick. Certes, il est possible que la figure du frère mort dans *The Tree of Life* renvoie à celui du cinéaste. Il est probable aussi que le personnage du voisin au crâne brûlé trouve son origine dans le grave accident du frère ainé du réalisateur. Dans tous les cas, une chose est sûre : Malick n'enjolive pas la violence par méconnaissance. Il préfère jouer avec cette naïveté pour mieux sonder ses personnages.

En catalysant cette violence, l'Amérique est en voie de « brutalisation ». Ce terme fut inventé par l'historien George L. Mosse en 1990[25] à propos des sociétés européennes pour expliquer l'essor du fascisme et du nazisme. Deux raisons justifient cette brutalisation en Europe aux lendemains de la Première Guerre mondiale. La première, c'est la banalisation de la violence. À force d'être vécue au quotidien et presque

25 George L. Mosse, *De la Grande Guerre aux totalitarismes. La brutalisation des sociétés*, Hachette Littérature, 1999.

acceptée, une forme d'accoutumance se crée et le choc provoqué par la vision des cadavres disparaît. La seconde raison vient de la sacralisation de l'effort de guerre. Mosse estime par exemple que la multiplication des cérémonies commémoratives en l'honneur des morts de la « Grande Guerre » héroïse à outrance la figure du soldat et crée un culte de la personnalité, conduisant à faire de la guerre une bonne cause, une défense juste des intérêts de la patrie. Elle a aussi pour conséquence d'aider à surmonter la perte d'un être cher. En misant sur ce don de soi, les États peuvent plus facilement réclamer aux peuples un nouveau sacrifice de guerre. En France, les monuments aux morts fleurissent, les anciens combattants sont élevés au rang de héros, des dignitaires militaires comme Pétain symbolisent une patrie fière et courageuse. La cause est perçue comme noble. Après la Première Guerre mondiale, théâtre de mort sans précédents, l'Europe, pourtant sous le choc, se reconstruit sur des cendres toxiques. En émergent le fascisme et le nazisme et, sous la République de Weimar, le champ politique allemand se durcit. Les bas instincts sont encore échaudés par le conflit et l'humiliation du Traité de Versailles de 1919. Mais il y a surtout chez Mosse une analyse morale de la violence. Cette accoutumance à la violence débouche sur un point de non-retour.

Aux États-Unis, aucune société totalitaire n'a encore émergé. Mais la banalisation de la violence, le terreau ancestral de la culture de conquête et le traumatisme de la Seconde Guerre mondiale amènent à concevoir une forme de « brutalisation » de la société américaine. Un premier pas fut franchit lors la guerre de Sécession, qui fut à l'époque une des pires boucheries humaines. Les séquelles sont encore présentes aujourd'hui. Le Nord et le Sud aiment à marquer leurs différences, à se respecter froidement. Et, comme lors de la Première Guerre mondiale, la presse a largement diffusé ces atrocités[26]. Un second cap est franchi lors le Seconde Guerre mondiale, au cours de laquelle, encore plus que lors du conflit de 1914-1918, l'Américain devient le sauveur de l'Europe.

Ce pont entre une «brutalisation» présente en Europe et une autre qui se diffuse dans la société américaine s'illustre dans deux scènes très similaires des *Sentiers de la Gloire* (Stanley Kubrick, 1957) et de *La Ligne rouge*. Dans le film de Kubrick, qui se déroule en 1916 en pleine guerre des tranchées, le général Broulard (Adolphe Menjou) ordonne aux troupes du colonel Dax (Kirk Douglas) de mener un assaut suicidaire. Devant la supposée inaction des soldats (qui ne font que se protéger des tirs adverses), le général ordonne à l'artillerie de tirer sur ses propres troupes. C'est alors que le responsable de l'artillerie refuse d'appliquer l'ordre et tient tête à son supérieur. Un cas de figure semblable se produit avec le capitaine Staros, qui refuse d'envoyer ses soldats vers une mort certaine. En refusant d'appliquer l'ordre du lieutenant-colonel Tall (Nick Nolte), il oppose la même résistance que le responsable d'artillerie français. Dans les deux cas, le refus se fait par radio. Le plus haut gradé vocifère, tente d'imposer son autorité quand l'interlocuteur argumente en faisant valoir le bon sens. La mise en scène

---

26 On pourra arguer que c'est aussi le traitement qu'a fait la presse de la guerre du Vietnam qui a rendu ce conflit si insupportable aux yeux des Américains.

est la même. Le soldat qui résiste crée la surprise en refusant l'ordre, la caméra insiste sur cet acte. En face, le gradé a l'air hystérique. Il incarne l'ordre, celui qui demande un sacrifice total en restant lui-même en retrait. Mais surtout, les comportements de Broulard et de Tall illustrent l'acceptation de la violence lors de ces conflits, où le sacrifice et la nation valent plus que le respect de la vie. Et dans les deux cas, ces sacrifices n'auraient servi qu'à s'emparer d'un objectif superflu (une colline, une tranchée) en regard des enjeux plus vastes de la guerre.

Le cinéma américain glorifie souvent des figures héroïques comme les cow-boys, les grands stratèges de guerre, ce que Mosse dénonçait comme étant un moyen d'entretenir le culte de la violence et de l'individu. Le cinéma devient une composante du patriotisme. Les super-héros comme Superman ou Spiderman volent avec la bannière étoilée à leurs côtés. Ils combattent le nazisme dans plusieurs numéros de comics. Des films réalisés pendant la guerre, comme *Sergent York* (Howard Hawks, 1941) et les John Hudson (*La Bataille de San Pietro* et *Let There be Light*), ont servi à justifier l'entrée des États-Unis dans le conflit après Pearl Harbor. Or, *La Ligne rouge* tient une place particulière parmi les films de guerre, genre important du cinéma américain. Il ne glorifie pas le combattant – à titre d'exemple, le sergent Welsh refuse la médaille *Silver Star* et la reconnaissance qui va avec. Il ne montre ni scène de camaraderie, ni chant patriotique. La bannière étoilée n'est jamais plantée fièrement. Cette image caractéristique du cinéma de propagande sera d'ailleurs habilement détournée par Clint Eastwood dans son film *Mémoire de nos pères* (2006) où il montrait que la photo du Mont Suribachi était une mise en scène de la propagande patriotique. Aux yeux de Michel Ciment[27], peu de films font aussi peu preuve de patriotisme que *La Ligne rouge*. Il n'y a que *Full Metal Jacket* (Stanley Kubrick, 1987) et, dans un genre un peu à part, *Apocalypse Now* (Francis Ford Coppola, 1979). Le cas Kubrick est intéressant. *Full Metal Jacket* fut tourné en Angleterre. Il s'échine à montrer une chose jusque-là inédite : la psyché de soldats dénués de tout sentimentalisme. Dans *La Ligne rouge*, le quotidien n'est jamais raconté avec trivialité et si les images sont exceptionnellement belles, rien n'est glorifié. Ciment résume dans cette interview le pari insensé réussi par Malick : «Le problème majeur du cinéma de guerre est qu'il est difficile d'éviter l'identification du spectateur, la fonction vicariante : ne pas donner au spectateur l'envie de tuer, faire de la distanciation, c'est le véritable défi. *La Ligne rouge* y parvient admirablement, il fait partager ce qui peut se passer dans la tête d'un combattant sans aucun sentimentalisme, sans jamais donner envie de prendre l'uniforme. »

27 Interview sur le site de TCM à propos du cinéma de guerre : «Rencontre avec Michel Ciment», 18 septembre 2012.

LE CHAMPIGNON, LE BLÉ MOISSONNÉ
ET LA FEUILLE TROUÉE

« Je suis heureux que tu sois là, Sam Gamegie,

ici, à la fin de toutes choses. »

Frodon dans Le Seigneur des Anneaux : Le Retour du roi

L'OMBRE DE LA BOMBE ATOMIQUE

Chaque film de Malick emprunte un chemin identique. Le territoire américain, toujours présenté comme jeune, ne cesse de rechercher ses espaces de pureté. Les personnages fantasment le « *wilderness* ». Or, la capacité destructrice de l'homme conduit chaque fois à un renoncement à l'état de nature, qui va de pair avec un déracinement. La peur de ruiner un territoire à peine défloré hante Malick jusqu'à faire ressurgir ses vieilles terreurs d'enfant américain, quand la menace nucléaire était omniprésente, telle une épée de Damoclès.

La Ligne rouge s'arrête avant la fin du conflit 1939-1945, lorsque la relève remplace les soldats qui ont conquis la colline 210. Les faits illustrent le reflux des troupes japonaises après une période de conquête dans le Pacifique. Bien que le lopin de terre ne soit pas un enjeu stratégique majeur, la prise de la colline 210 est encore perçue aujourd'hui comme une bataille capitale du conflit. Un peu à l'image de la guerre de tranchées de 1914-1918, cette lutte armée se faisait par mini-conquêtes, à coup de massacres, une île à la fois. Le spectacle de tourments et de chaos est le même, la nature est prise en otage par la barbarie humaine. Il rappelle les images de *Hiroshima mon amour* (Alain Resnais ; 1959) où des scènes de désolation à Hiroshima viennent contredire Eiji Okada susurrant à Emmanuelle Riva : « Tu n'as rien vu à Hiroshima. » De fait, il est impossible de ne pas songer aux bombes atomiques lâchées sur Hiroshima et Nagasaki. Leur spectre plane, invisible. Si aucune image de *La Ligne rouge* ne montre de champignon atomique, le film suit une sorte de gradation logique dans l'horreur dont l'issue ne peut être que la tragédie atomique.

Un peu comme la baguette magique de Kit, qui devait faire disparaître celui qui le gênait, la bombe A est le tour de passe-passe qui doit dissoudre l'ennemi. Les États-Unis, en larguant Little Boy sur Hiroshima, pratiquent une sorte de nettoyage complet. Le président Truman donne le coup de grâce aux Japonais, qui capitulent dans la foulée. Le président américain a battu, écrasé, humilié ses adversaires. Pendant un demi-siècle, la bombe A devient à la fois l'objet d'une honte nationale et une arme indispensable dans la guerre froide.

Ce poids invisible de la bombe A, Malick en parlait à l'époque de *La Balade sauvage* : « C'était typique des années 1950 dans le Middle West, cette peur de l'imminence d'une invasion soviétique. Nous étions entraînés à des exercices de défense passive contre une attaque nucléaire. À l'école, on se mettait sous un pupitre. Les gens construisaient des abris[28]. » Cette préoccupation irrigue le cinéma américain des années 1950 : des films de science fiction (*Le jour où la terre s'arrêta*, Robert Wise ; 1951) ou policiers (*Kiss me Deadly*, Robert Aldrich ; 1955).

DU SORDIDE À LA LUMIÈRE

En dépit de tous ces éléments qu'on pourrait qualifier de sordides ou d'oppressants, Malick refuse le mortifère. Il accepte la naïveté comme mécanique centrale de ses personnages. Une subtilité sémantique atteste de cette idée de lumière plutôt que de ténèbres. À l'origine, *To the Wonder* (ou *À la Merveille*) devait s'appeler *The Burial* (*Les Funérailles*, ou *L'Enterrement*). Pourquoi le cinéaste envisagea un titre aussi sombre ? Voulait-il enterrer une histoire d'amour ? Songeait-il à illustrer la destruction du couple plutôt que le lien qui l'avait uni un temps ? Sémantiquement, le titre du film est passé des ténèbres à la lumière, de la mort à la vie. Mais c'est une lumière descendante, la lueur d'une ère qui se termine, d'un sentiment où le bonheur éternel est illusoire. À ce sujet, l'épisode de la romance entre Neil et Jane (Rachel McAdams) est symptomatique. En quelques instants captés, leur amour crée l'illusion d'une plénitude, d'une fusion des corps et des envies. Jane aborde le couple avec le sérieux de l'engagement. Elle a perdu un enfant, tente de se reconstruire. Or, l'éternelle indécision de Neil pose problème. Marina revient sur le sol américain. Neil n'hésite pas à couper les ponts avec Jane pour retourner auprès de Marina. Jane demeure seule, oubliée par le film, sans avoir pu construire quoi que ce soit. Plus que tout autre film, *À la Merveille* rend visible la sensation qu'une destruction est à l'œuvre. À chaque fois, Malick procède de la même façon. Il crée une plénitude pour mieux la détruire. Le cas du *Nouveau Monde* est encore plus cruel : Pocahontas découvre la plénitude de l'amour et Smith découvre un sentiment de paix intérieure et d'épanouissement dans un monde sans mensonge. Puis, par carriérisme, son statut d'homme européen le pousse à partir, à mentir à la princesse en lui faisant croire qu'il a péri en mer. Dès lors, aux yeux de Pocahontas, l'amour et le quotidien apparaissent sans saveur en comparaison des instants parfaits autrefois vécus. Lorsque l'amour frappe à nouveau à sa porte, il réapparaît sous une forme moins pure. Une chose s'est vidée. La dernière partie du film construit la nouvelle histoire d'amour habitée par le fantôme de la trahison de Smith. Pocahontas ressent un manque. Le moment parfait n'existera plus. Malick laisse pourtant la tendresse s'immiscer. Avec une forme d'optimisme, il filme Rolfe comme un être doux, lumineux, qui n'impose rien et qui accepte la part d'ombre de Pocahontas. L'amour qu'il voue à l'Amérindienne triomphe du deuil d'une histoire morte et enterrée.

LE BRAS ARMÉ DU TRAVAIL

Cette soif de vivre, qui l'emporte sur la mort, le cinéaste l'exprime très tôt : « Je n'avais pas aimé travailler aux moissons, j'en gardais pourtant un souvenir très chaud, le souvenir des blés, son va-et-vient dans les champs, de tous les gens que j'avais rencontrés[29]. » Une chaleur de la rencontre dont regorge *Les Moissons du ciel*. Linda se fait des amis lors de cette période et, alors que tout le monde part, elle ne peut pas cacher sa tristesse. Un peu comme à la fin d'une colonie de vacances, elle promet à son amie qu'elles se reverront. Or, le travail des champs est loin d'être une partie de plaisir pour tous ces travailleurs, et le film en montre la précarité. Lorsque Abby gâche de la paille, le contremaître lui retire trois dollars. Bill s'en offusque, en vain : « Tu as gâché plus de douze boisseaux, je t'enlève trois dollars. – Comment ! C'est pas juste ! – Alors tu es viré. – Attendez. – Tu veux rester ? Ferme-la et retourne bosser. » La force de travail est malléable. La précarité qui s'en dégage rend le couple nomade. C'est parce que Bill se révolte au sein de l'usine de métallurgie et sort de son rôle de force de travail que la situation dégénère et qu'il en vient à tuer son supérieur. Le travail aux fourneaux n'est montré que quelques secondes, mais la pénibilité est évidente : le travail manuel use. Juste après l'altercation avec le contremaître, Bill regarde les mains abîmées de sa belle. Il lui promet d'en parler au médecin. Mais ils n'ont pas les moyens de se payer un tel luxe. La manigance qui s'ensuit, à savoir épouser le fermier, est une conséquence directe du désir des amants d'en finir avec la précarité. L'appât du gain, la fin d'un travail pénible : autant d'éléments qui font des *Moissons du ciel* un film de lutte des classes.

Dans la doctrine marxiste, le prolétaire[30] agraire s'oppose à la bourgeoisie qui possède les terres. Mais pour qu'il y ait une

---

29 Yvonne Baby, *Quinze hommes splendides*, Gallimard, 2008, p. 89.

30 Le mot latin « proletarius » est issu de « proles », désignant le citoyen romain de plus basse condition, sans richesse.

telle dichotomie, il faut que ce groupe ait une conscience de classe. Jamais les réunions de joie, les festivités des travailleurs ne laissent penser à une classe «pour soi», qui aurait conscience de s'opposer aux bourgeois. En revanche, le groupe Abby/Bill/Linda (qui le dit en voix off) a conscience de ces deux mondes qui se complètent et s'opposent. Un élément perturbe pourtant cette scission: le comportement du fermier, aimable et gentil, qui selon Linda provoque «la pitié». Elle raconte que quand il arrive, les gens lui laissent leur chaise, et qu'il trône fièrement sur son cheval. Mais, à l'écran, il ne donne aucun ordre, il reste discret, il s'adresse à Abby avec le plus grand respect. Le statut social ne définit pas tout. S'il influe sur la vie de chacun, il ne prédestine pas pour autant à des actes bons ou mauvais.

Cette incapacité à s'émanciper de son statut social, c'est précisément ce qui pèse sur M. O'Brien. Son travail ne lui permet de pas de vivre le rêve américain tel qu'il le conçoit. Il transmet ce sentiment de frustration à ses enfants en leur disant qu'il ne faut pas être «trop gentil», qu'il faut se battre. Le personnage est à la fois résigné et combatif, il porte fièrement l'uniforme et apprend aux enfants le respect des règles du bon Américain (il insiste notamment sur la délimitation des jardins; on en revient à la notion de propriété). Reste qu'il se soumet aux aléas de l'emploi et accepte de déménager pour éviter un licenciement.

L'aliénation de l'humain réduit à une simple force de travail s'illustre discrètement dans la manière dont les hommes regardent les machines. Neil «observe, hagard, une vieille machine d'un autre temps dont un bras articulé plonge dans la terre. Il l'observe car elle est étrange, car elle fonctionne sans lui, car elle creuse plutôt que de viser le ciel. Elle lui est tout à fait dissemblable et pourtant lui ressemble. Elle n'est pas tout à fait créature de ce monde comme un humain ou une fleur peut l'être. Elle est avant tout créature de l'homme, elle en est son reflet comme on dit que Dieu a créé l'homme à son image. Curieuse machine donc, qui puise avec son bras dans la terre quand l'homme pointe son doigt vers le ciel. Cette machine réactive à elle seule ce que le cinéma de Malick a de plus beau : la parenté, la cohabitation des machines et des croyants, des machines qui labourent, creusent, puisent et des hommes qui ont des aspirations (aimer, être aimé, toucher, être touché, etc[31].) » Le cinéaste avait déjà illustré son admiration pour la machine qui aliène et aide à la fois dans *Les Moissons du ciel*, où les moissonneuses complètent le travail de l'humain. Linda joue gaiement avec et ne se soucie guère de leur dangerosité. Les machines ont l'air parfois plus hostiles, notamment dans *La Balade sauvage* : « On remarque surtout l'insistance sur les machines avec lesquels Kit travaille, au début du film. De gros plans mis bout à bout fragmentent une à une les parties mécaniques du camion-poubelle, comme celles de l'imposante machine qu'actionne Kit pour nettoyer la gorge des vaches[32] ». Elles creusent, découpent, broient. Elles transforment la nature en un environnement irrespirable. Les hommes, chez Malick (à l'exception de Neil), fuient cette aliénation par les machines.

---

31 Simon Lefebvre, « Sentir et toucher », *Revue Zinzolin*, 20 mars 2013.

32 *La Balade sauvage, ibid.* p 74.

Cette envie d'esquiver la civilisation renvoie aux idéaux proclamés par Rousseau (*Du contrat social*, 1762) et Thoreau (*La Désobéissance civile*, 1849).

Chaque fois qu'un personnage tente de s'émanciper de son statut social, il est mis au ban, vilipendé ou ostracisé. Smith et Pocahontas sont ceux qui en payent le plus lourd tribut. En sortant de leurs conditions de soldat de la couronne et de fille de chef de clan, en tentant de suivre une autre voie, ils se font chasser et réprimer. Smith apparaît à l'écran la première fois alors qu'il a été mis aux fers pour avoir tenté une mutinerie. Pocahontas est reniée par son père pour trahison. Pour ne pas devenir une apatride, elle accepte une autre aliénation sociale, celle de membre de la colonie, de femme d'exploitant agricole, de néo-anglaise en somme.

« GUIDE-NOUS JUSQU'À LA FIN DES TEMPS »

Les hommes ne cessent de détruire. De se détruire. Ils ne font pas que délier les nœuds sociaux entre eux, ils rompent avec leurs racines. Kit brûle la maison de Holly. Son métier d'éboueur évoque une image récurrente : celle de vouloir enterrer son passé. La maison en flamme symbolise l'anarchie. Les constructions des hommes résistent rarement aux tourments qu'elles abritent. Il manquerait presque à *La Ligne rouge* un plan global du champ de bataille qui permettrait de voir l'étendue des dégâts provoqués. En lieu et place, Malick préfère l'image d'un visage enterré puis, dans la foulée, d'une colline en feu. À la fin de l'assaut, des piles de cadavres japonais s'amoncellent, et l'odeur pestilentielle est telle qu'un des Marines se met des cigarettes dans les narines. Parfois, l'homme détruit ses propres cultures, toujours par les flammes. Dans *Les Moissons du ciel*, la haine du fermier à l'égard de Bill est si dévorante que c'est lui qui ordonne de laisser le feu se propager. Or, si tout brûle, il n'a plus de revenus, plus de travail, plus de terre, et donc plus de vie. Le personnage considère cette trahison comme une mort (il périra quelques scènes plus tard en se battant avec Bill) et adopte un comportement nihiliste. L'homme détruit son environnement quand il ne s'y sent plus à l'aise, les flammes illustrant un abandon, une perte d'espoir.

La nature vierge est la première victime. Un plan de *La Ligne rouge* interpelle. Au milieu des combats cadencés par des explosions, s'insère une image de poussin en train de naître. Une naissance au milieu de la mort, qui vient rappeler que la nature est indépendante vis-à-vis de l'homme. Certes. Mais la difficulté qu'a le poussin à sortir de sa coquille confère une impression de fragilité, de précarité. Un poussin, plein de terre, chancelant, cela semble faire écho aux soldats précédemment tués plutôt que dresser une quelconque ode à la vie. Cette ambivalence est saisissante dans *The Tree of Life* quand Jack, adulte, lance : «Guide-nous jusqu'à la fin des temps», avant que ne retentisse l'«Agnus Dei» de *La Grande Messe des morts* de Berlioz. En écho résonne la dernière image que voit un soldat de *La Ligne rouge* trépassant, celle d'une feuille trouée à travers laquelle passent des rayons de soleil. La nature y est encore vivace, mais perforée, comme brisée par le passage de l'être humain.

SCULPTER
LES ESPACES

La place centrale de la nature dans le cinéma de Terrence Malick n'est pas uniquement thématique. Ce rapport à la nature, aux espaces, Malick le traite d'une manière bien particulière. Comment retranscrire sur pellicule ce qui est de l'ordre de l'idée ? En happant le spectateur grâce à sa foi indéfectible pour la puissance de l'image et du son. Si Malick est parfois comparé à Kubrick, c'est avant tout parce qu'ils ont un but commun : sidérer par le spectacle.

LE POUVOIR DE SIDÉRATION
ET LE SOUVENIR TERRASSANT

« Rien ne distingue les souvenirs des autres moments.
Ce n'est que plus tard qu'ils se font reconnaître, à leurs cicatrices. »
Le narrateur dans La Jetée *de Chris Marker.*

DÉMIURGE DE LA BEAUTÉ

Des discussions avec les équipes de tournage de Malick (monteurs, compositeurs, acteurs), la même analogie ressort régulièrement : celle de la rivière. Qu'il s'agisse des plans, de la musique, de la narration, tout doit suivre son cours comme dans le lit d'une rivière, avec ses rétrécissements, ses embranchements, ses débordements. Ainsi, le spectateur se laisse porter au fil de l'eau. Le message ne vient que dans un second temps. Le cinéma des sensations prime. Ne ressent-on pas une pareille chose devant la nature quand elle offre un spectacle sidérant ? N'admire-t-on pas béatement les chutes du Niagara, la naissance d'un veau, les coulées de lave de l'Etna ? La nature est avant tout un spectacle que l'on admire. Le tour de force du cinéma de Malick est là : on se croit en forêt, on ressent l'humidité de la rosée, on hume l'air frais des champs enneigés. Seulement, pour se laisser prendre au charme, le spectateur doit savoir s'abandonner. Or, c'est une chose qui a du mal à toucher le grand public. Jusque-là, aucun film du réalisateur n'a rencontré de franc succès auprès du grand public. Chez Malick, la démultiplication des voix off peut rebuter. Si les deux premiers films connurent rapidement un certain succès d'estime, ils ne s'affirmèrent pas comme des triomphes du box-office. *La Ligne rouge* a généré des recettes importantes, mais beaucoup moins que *Il faut sauver le soldat Ryan*, film plus immédiatement immersif par sa linéarité et son sujet empathique. Ce relatif échec a probablement poussé le réalisateur à abandonner tout espoir de gros succès populaire. Son style se radicalise avec *Le Nouveau Monde*, à ce jour son plus gros échec au box-office. Et à la sortie des derniers, à savoir *Tree of Life* et surtout *À la Merveille*, la scission entre fans et détracteurs est devenue béante. Le travail impressionniste de ces deux longs-métrages a réduit la frange du public à une portion congrue de fans.

Par conséquent, l'idée s'est imposée selon laquelle Terrence Malick se situe à la marge de l'industrie, qu'il ne ressemble pas assez au cinéma américain *mainsteam*, que si ses films ne marchent pas, c'est qu'ils ne ressembleraient à rien d'autre. Ce qui est vrai, c'est que son centre de gravité, Austin, n'est pas directement en lien avec Hollywood ou New York. Une troisième voie s'est créée. Faisant office de figure tutélaire, Terrence Malick a permis à toute une génération de jeunes cinéastes, tel que David Gordon Green et Jeff Nichols, d'éclore dans ce nid.

En revanche, il est faux de le considérer comme un marginal absolu, car il hérite d'un pan immense du cinéma américain. À commencer par l'americana lyrique célébrée jadis par Murnau (*L'Aurore*, 1927, *City Girl*, 1930), Ford (*Les Raisins de la colère*, 1940), ou Georges Stevens (*Géant*, 1956). George Stevens Jr., le fils de George Stevens, considérait Malick comme un descendant cinématographique de son père, à tel point qu'il investit de l'argent dans *La Balade sauvage* et qu'il fut l'un des producteurs de *La Ligne rouge*. Arthur Penn, King Vidor, autant de noms ayant eux-aussi influencé le travail de Malick. Mais c'est envers Elia Kazan que ce dernier clama son admiration. À bien y réfléchir, le Texan aurait pu réaliser un remake du *Maître de la prairie* (1947) par exemple. Son goût pour le grand spectacle, son amour pour les figures de l'actor-studio, son appropriation des grands genres (road-movie, film de guerre, certains codes du western) en font un enfant de Kazan. Or, il ne se considère pas comme compétent pour filmer l'action. Pour preuve, il pensa un temps déléguer les scènes de combat de *La Ligne rouge* à un autre réalisateur. Son attention se place ailleurs, sur les sensations, sur la fameuse rivière sur laquelle il se laisse porter.

Même les parties expérimentales de *The Tree of Life* héritent de tout un pan du cinéma américain. Elles puisent dans les travaux de Saul Bass (*The Searching Eye*, 1964), de Stan Brakhage (*Yggdrassill : Whose Roots Are Stars in Humans Mind*, 1997) ou de Scott Nyerges, disciple de Brakhage. Malick rachète à ce dernier douze secondes d'*Automnal*, film utilisant notamment des techniques de peintures sur pellicules, pour les réintégrer à *The Tree of Life*. Ces influences disparates sont digérées et réactualisées pour s'ancrer au sein d'une œuvre plus grand public. Elles participent à construire une œuvre hétérogène à la démesure formelle. Cette ambition de blockbuster expérimental, Malick la partage avec des

Francis Ford Coppola, des Georges Lucas, des Walt Disney. Dans le même ordre d'idée, «jadis, Cecil B. deMille envisageait son film cosmique, le *projet X*, comme une perpétuelle hésitation entre film narratif et film abstrait[33]». Cette description semble correspondre mot pour mot à *The Tree of Life*[34]. Parmi les projets les plus fous de Malick figure actuellement *Voyage of Time*, un documentaire sur la création et la fin du monde. Il serait une excroissance de la partie cosmique de *The Tree of Life*. Deux versions sont en développement : la première destinée aux salles Imax pour devenir un documentaire scientifique, et l'autre, plus poétique, se destinera aux salles de cinéma traditionnelles. D'après les premières images montrées discrètement à quelques privilégiés du Festival de Cannes 2014, le film pousserait encore plus loin qu'à l'accoutumée les vertiges d'échelles où se mêlent la formation d'étoiles, le vol d'oiseaux, des bactéries dans un volcan, des atomes et de la sève d'arbre.

Avec un tel goût du gigantisme, Malick est, avec Paul Thomas Anderson, l'un des derniers maîtres de la sidération. En cela, il fait partie de la caste des Kubrick, Lean, Vidor et Welles, des démiurges de la beauté. Pour ces gens-là, aller voir un film, c'était d'abord un choc esthétique. À eux de donner la possibilité de vivre cette expérience.

33 Pierre Berthomieu, «Life surpassing itself», dans *Hollywood, le temps des mutants*, Rouge profond, 2013, p. 209.

34 Plus globalement, le chapitre «Life supassing itself» analyse en détail les approches expérimentales de Malick. Berthomieu y constate une sorte de fin de l'expérimental faisant de Malick l'un des grands mutants du cinéma américain piégé part le flot d'images de l'ère numérique.

La fascination pour le territoire a conduit les artistes américains à penser la relation personnage/décor d'une manière différente des Européens. Malick ne fait pas exception. La nature est dans son œuvre comme une seconde mère. Pocahontas l'appelle « mother » sans que l'on puisse vraiment bien identifier cette entité. Il y a dans les titres des films un rapport à l'environnement évident. On l'a déjà évoqué avec *La Balade sauvage* (*Badlands*[35], en anglais, donne encore plus de cachet). Avec *The Tree of Life*, la nature se retrouve intimement reliée au sujet traité. L'arbre de vie du jardin des O'Brien sert de symbole à l'exploration du sens de la vie. Pour autant, le rapport à la météo n'a rien de psychologisant, il reste défini par des accidents de tournage. La neige des *Moissons du ciel* n'était pas souhaitée. Mais puisque les conditions climatiques en décidèrent ainsi, l'équipe de tournage s'adapta. La séquence, très courte, est assez difficile à relier à la temporalité générale de l'intrigue. L'histoire se passe au moment des moissons – donc aux alentours de juin/juillet – puis toute une année s'écoule. Il y a bien une scène de chasse en automne, un hiver enneigé, les épis qui repoussent et le retour des travailleurs estivaux. Néanmoins, en pleine saison des moissons, une courte scène a lieu pendant une tempête de neige, durant laquelle Bill et Abby parlent de leur avenir. De la neige en été, c'est étonnant. Cela ne sert à rien d'y voir une métaphore, ou une explication rationnelle ; l'épisode fonctionnait ici, il rendait l'histoire légèrement atemporelle.

77

35 Traduction littérale : « lieux maudits ».

Plus les décennies passent, plus les films de Malick intègrent des scènes qui fonctionnent par elles-mêmes. L'histoire d'amour de l'Amérindienne et du capitaine Smith ne prend forme que dans des séquences qui sont autant de précipités de bien-être. Ils marchent côte à côte, se prennent par la main, s'allongent, se regardent. L'amour a ses hauts et ses bas, mais aussi ses instants où tout stagne, à l'instar de la relation entre Marina et Neil, dont le délitement ne se fait pas de manière linéaire. Des instants de doute contaminent peu à peu leur histoire d'amour et quand à la fin tout semble perdu, il subsiste encore un peu de partage, de regards langoureux et de romantisme. C'est un travail impressionniste, dans lequel se collent et se juxtaposent des éclairs de vie. Cela aboutit à des raccords météos étonnants, où s'enchaînent successivement deux couchers de soleil dans des plans sans lien apparent. Ainsi, les choses paraissent vaporeuses, presque déjà disparues tant les soleils couchants offrent une sensation de mélancolie. Cette atmosphère pourrait se résumer à ce titre de la bande originale de James Horner : *All is lost*.

LE CLICHÉ DE LA MÉLANCOLIE

Puisque tout semble perdu, puisque chaque instant de bonheur semble voué à disparaître, pourquoi ne pas tenter de le capturer pour l'enfermer dans une boîte ? Pourquoi ne pas jouer de la mélancolie que procure une vieille photographie ? En ce sens, le générique des *Moissons du ciel* procure un certain trouble. Sur la musique de Camille Saint-Saëns, *Aquarium*, des photos d'inconnus (de l'aveu même du réalisateur) se télescopent avec un cliché pris sur le tournage où Linda, assise, regarde l'objectif. Le défilement de ces images sépia donne une tonalité nostalgique à l'ensemble. Comme si l'histoire qu'on allait nous raconter était à la fois féerique (pour la musique) et perdue (les photos souvenirs). Que raconte réellement ce générique ? Difficile à dire. Une chose est sûre, il invite à contempler, à prêter attention aux visages, qu'ils nous soient familiers ou inconnus. Il veut que l'ont s'attarde sur ces visages car il nous faudra les quitter et ce sera un déchirement. Le procédé est explicitement emprunté à l'ouverture de *Bonny and Clyde* avec sa série de clichés défilant à la manière de diapositives entrecoupant les crédits. La photo, c'est le support central du souvenir, ce qu'il reste d'un instant envolé. C'est même parfois le matériau qui recrée un souvenir effacé. Qui n'a jamais redécouvert un instant enfoui de sa vie en ouvrant un vieil album de famille ? Et qui ne s'est pas fait trahir par un faux souvenir, comme lorsque l'on croit se reconnaître sur une photo et que l'on se voit répondre : « Mais non, c'est ton grand frère, tu n'étais pas né » ? Cette notion de souvenir trompeur et vaporeux, bien que vivace, imprègne les films de Malick. Des clichés volés, pris on ne sait où, nous sont déjà montrés dans *La Balade sauvage,* où Holly admire des images à travers un stéréoscope[36].

Ces images n'ont aucun lien avec sa vie (le Sphinx, des enfants dans un jardin, un paysan embrassant sa paysanne). Pourtant,

36 En interview, Malick et Ciment parlent de stereopticon.
C'est un instrument oculaire qui permet l'examen de diapositives ou de photos leur donnant un effet de 3D.

Holly se questionne sur sa vie, sur ce qu'elle serait devenue si sa mère n'était pas morte, ou si elle n'avait pas rencontré Kit, elle se demande même si son âme sœur, qui ne la connaît pas, pense à elle. « J'aime bien la séquence au stéréopticon, où elle [Holly] a l'impression qu'elle aurait pu suivre un autre cours, mais où, en même temps, elle ne trouve pas triste que cela n'ait pas été le cas. Elle accepte la vie qui lui a été offerte[37]. » À travers cette divagation d'Holly, cette scène éclaire un autre aspect du style de Malick : il ne se focalise pas sur un seul point de vue, il n'utilise jamais de narrateur externe ou omniscient. À la question : « Qui regarde ? », la réponse n'est pas toujours claire dans ses films.

LE POINT DE VUE DE L'ÂME

« Tout circule du point de vue de l'âme[38]. » En une phrase, Yvonne Baby lève le voile sur le mystère du point de vue : il est quelque part autour de la sphère intime de chaque protagoniste. Ainsi, la caméra flotte, virevolte – Malick tente souvent des angles originaux –, circule autour des corps enlacés ou délaissés. Le personnage sert la plupart du temps d'amorce, mais peut être aussi un point d'arrivée au mouvement de caméra. Parfois, il est absent du cadre, mais à la faveur d'un faux-raccord, ou d'un effet de montage analogue, l'impression

37 Malick dans *Petite planète cinématographique, op. cit.*, 2003, p.434.
38 Phrase tirée des bonus du DVD Blu-ray français de *The Tree of Life*.

est donnée qu'il contemple la scène malgré son absence. Un exemple parmi d'autres : la mort de Pocahontas est exprimée au travers de la chambre vide, celle où quelques secondes auparavant, elle rendait son dernier souffle. S'en suit un faux-raccord (mais peut-on vraiment le qualifier ainsi ?) au sein duquel un Amérindien fixe la caméra. Or, il ne semblait pas présent lors de la mort de Pocahontas. Ce n'est donc ni son point de vue, ni celui de Pocahontas (déjà morte), ni celui d'un quelconque objet qui regarderait la scène qui s'exprime. Serait-ce le point de vue de la chambre ? Mais une chambre peut-elle avoir un point de vue ? On en revient à l'âme individuelle qui serait la partie d'un tout, d'une âme globalisante. Malick filme la métaphysique de manière métaphysique.

Parfois, dans *The Tree of Life*, on a l'impression que le point de vue se rétrécit momentanément à la famille O'Brien. Elle y est représentée comme un tout homogène, un ensemble insécable. Ainsi, on observe le père au travail tout en restant proche des enfants. Nous pouvons voir ceux-ci grandir et, parallèlement, assister furtivement aux premiers émois amoureux de leurs parents. Quand on l'interroge sur le point de vue adopté dans le film, le chef opérateur, Emmanuel Lubezki, a bien du mal à répondre : « Quand on a ce plan avec la grue dans l'arbre, on ne sait pas qui est derrière, c'est indicible, mais on le ressent. Terrence est très intéressé par ce genre d'idée : est-ce Dieu qui observe l'enfant jouer avec le chien ? Évidemment il ne vous dira jamais que c'est Dieu, il ne réduira jamais cette présence à un moment. [...] Peut-être le véritable opérateur du film, cette forme lumineuse que l'on voit au début et à la fin du film[39], peut-être [que c'est elle] qui est derrière la caméra[40]. »

En termes de pure mise en scène, cela se traduit par une recherche constante de mouvement, par la nécessité de s'approcher et de s'éloigner des corps. Cela suppose aussi de ne pas flirter avec le pathos par jeu, mais plutôt d'utiliser des réactions ponctuelles qui cristallisent de manière plus dévastatrice les états d'âmes. La caméra, souvent en contre-plongée, rase le sol pour regarder les cieux, témoignant d'un attachement à la terre. Notre regard se retrouve à hauteur d'enfant, au ras des blés, à contempler les statues, les corps et les arbres avec admiration. La caméra est comme liée à des courants d'air qui lui sont propres. Elle sert à s'émerveiller de tout, à l'instar des personnages créés par Malick. Seul *La Balade sauvage* utilise peu de mouvements de caméra. Mais, dès *Les Moissons du ciel* et le recours au panaglide[41], ce besoin toujours plus présent de capter l'instant devient une obsession. Grâce aux collaborations d'Emmanuel Lubezki et aux quelques témoignages de John Toll et de Nestor Almendros, qui ont tous été chefs opérateurs pour Malick, on en sait un peu plus sur la manière qu'a ce dernier de mettre en scène. Tout doit être fait en prise naturelle, les éclairages

---

39 La première et la dernière image de *The Tree of Life* proviennent de la *Lumia Opus n°161* de Thomas Wilfred. Pierre Berthomieu explique que ce dernier mit au point un attirail de miroirs et de pièces peintes, « qui, montés ensemble, transformait les rayons lumineux produits par les lampes et les lentilles diverses. » Pierre Berthomieu, *op. cit.*, 2003, p. 237.

40 Emmanuel Lubezki, « Lancer des torpilles », *Cahiers du cinéma*, n° 668, p. 19.

41 Procédé similaire au steadicam chez Panavision. C'est un système de harnais corporel servant à stabiliser la caméra pour des prises de vues.

sur pieds sont presque toujours proscrits. Avec Lubezki, une sorte de « dogme » informel se met en place[42]. Entre autres obligations, ne pas sous-exposer, ne jamais utiliser de zoom, privilégier la profondeur et choisir des mouvements dans l'axe plutôt que le fonctionnement gauche-droite. Sur ce dernier point, le basculement stylistique se produit lors du tournage des *Moissons du ciel*, où, n'arrivant pas à obtenir ce qu'il souhaite, Malick jette le script et opte pour une nouvelle manière de filmer Richard Gere. Dès lors, les scènes ne sont capturées qu'entre chiens et loups, c'est-à-dire juste avant que le soleil ne tombe sous l'horizon. Sur ce film, les visages sont légèrement sous-exposés, mais dès *La Ligne rouge*, toute sous-exposition est proscrite. Malick travaille aussi ponctuellement avec des pellicules 70 mm, plus enclines à capturer de grandes différences de luminosités dans le même plan. À ces deux exigences techniques s'ajoute la demande de souplesse et d'improvisation. Vu de l'extérieur, cela peut sembler chaotique. En fait, cela implique une communication permanente au sein de l'équipe, entre les acteurs et les responsables de l'image. Lubezki estime que la dynamique en place ressemble à « une improvisation de jazz[43] ».

Les films s'écrivent et se réécrivent au fur et à mesure du tournage. Des kilomètres de pellicules sont utilisés, sans que Malick sache toujours ce qu'il va en faire. Mais dans un dialogue constant avec ses collaborateurs, il réfléchit, fait évoluer les choses. Si tout est très préparé en amont, l'accident est volontairement

42 « Questions cosmiques », *Positif*, n° 665, p. 20-35, repris par l'*American Cinematographer* en août 2011.

43 Emmanuel Lubezki, *op. cit.*, p. 18.

recherché. L'assistant opérateur, sur un coup de tête, peut s'adresser au comédien, lui demander de se tourner, de ralentir ou d'étendre la main. Pour les plans fixes, c'est parfois en posant la caméra entre deux prises qu'un angle se dévoile. Le chef opérateur doit toujours jongler avec l'élément climatique. Un soleil trop intense ? Qu'il soit couvert par un arbre ou un rideau. Le vent se lève et souffle sur l'eau ? L'équipe s'active et propose au réalisateur de tourner. Malick est là, toujours aux aguets, prêt à capter les incidents. « [C'est] comme du cubisme, tournant la même scène dans différents lieux. On les mélangeait et raccordait sans continuité en ne se souciant pas du sentiment. On sautait d'une maison à l'autre[44], mais vous ne vous en rendez pas compte car vous acceptez la maison telle que Jack s'en souvient[45]. » La méthode trouve son aboutissement sur le tournage de *The Tree of Life* : « Les acteurs incarnent littéralement les personnages imaginés par Malick, puis le montage, l'agencement des plans, des thèmes visuels, des musiques et des voix composent les personnages – qui n'existent dans le script de *Tree of Life* que de manière "idéale"[46]. »

44 Pour *The Tree of Life*, la maison de la famille fut fabriquée en trois exemplaires pour avoir toujours la bonne orientation du soleil. Ainsi, quand la lumière tournait, l'équipe changeait de demeure.

45 Phrase de Mark Yoshikawa, monteur pour Malick : « Comme des éclairs », *Cahiers du cinéma*, n°668, p. 22.

46 Pierre Berthomieu, *op. cit.*, 2003, p. 218.

Par raccourcis ou par besoin de tout mettre dans une case, il est dit que ce cinéma, lent et spirituel, est contemplatif. C'est vrai. Mais que veut dire exactement contemplatif ? Si l'on regarde la durée réelle des plans des *Moissons du ciel* ou de *The Tree of Life*, on se rend compte qu'ils ne sont pas si longs que ça. En tout cas, beaucoup moins que chez les maîtres du plan long, dits contemplatifs, tels que Andreï Tarkovski, Apichatpong Weerasethakul, Michelangelo Antonioni ou Béla Tarr. Et puis, un long plan n'implique pas forcément la contemplation. Songeons à *La Corde* (Alfred Hitchcock, 1948) où, malgré la longueur des plans, l'intrigue va à toute allure, la soirée – repas inclus – se déroulant en temps réel en moins d'une heure. Un plan de Malick dure certes un peu plus longtemps que la moyenne. Là où un plan de nature qui servirait à situer l'action prendrait normalement trois secondes, chez lui, on s'attarde cinq ou six secondes. Il ne s'agit pas de contemplation, juste de prendre le temps de regarder, de s'imprégner d'une vision, sans pour autant s'éterniser dessus. Les plans de coupe, innombrables, ne sont pas de simples transitions ou des illustrations. Jean-Philippe Tessé les qualifie de « plans pensifs[47] ». En fait, si contemplation il y a, celle-ci passe par la manière de placer le corps dans l'espace, en jouant sur les échelles et la profondeur de champ. La courte focale, parfois le grand-angle, devient une habitude.

---

[47] Jean-Philippe Tessé, « Le plan malickien », *Cahiers du cinéma*, n°668, p. 13.

Une question se pose alors : y a-t-il un plan malickien ? On connaît le plan kubrickien, fait de symétries et de travellings avant ou arrière, le plan à la Ozu, avec ses surcadres au ras du sol, ou encore les inserts d'objets chez Hitchcock. Plus qu'un tic ou une figure de style, le plan type raconte une histoire et illustre les partis pris de l'auteur. Prenons le plan spiel-bergien[48], dans lequel un personnage fixe l'objet de sa sidé-ration se trouvant hors-champ. Qu'il soit fixe ou sur dolly[49], ce plan exprime soit la fascination pour des dinosaures ressuscités, soit la terreur pour une attaque de requins au loin, ou encore le choc de voir des extraterrestres débarquer (c'est un émerveillement dans *Rencontres du troisième type,* une terreur dans *La Guerre des mondes*). « Il invite à entrer dans les pensées des personnages et fait participer le public à l'histoire », explique Spielberg. Et si le plan de coupe sur la nature, en contre-plongée, ne résumait pas toute la substance du cinéma de Malick ? Pour tenter d'y répondre, partons de l'idée que la finalité de son cinéma, c'est de capter l'intan-gible, un tumulte intérieur qui raconte quelque chose de difficilement exprimable. En cela, ce que l'on nomme « plan de coupe » nourrit la quête de l'intangible. Dans les deux premiers films, les plans sur la nature pourraient être tirés d'un documentaire animalier, à la façon de *La Forêt interdite* (Nicholas Ray, 1958)[50].

48 On peut retrouver sur Youtube une vidéo s'amusant à compiler des « Spielberg face ».

49 Chariot permettant de faire des travellings.

50 Jean-Philippe Tessé, *op. cit.*, p.12.

Depuis *La Ligne rouge*, ces plans marquent moins l'indifférence de l'environnement au sort des personnages que leur lien avec la pensée. L'expressivité du souvenir trouve dans le plan de coupe malickien une incarnation tangible. L'indicible s'éveille à nos consciences le temps d'un décrochage narratif sur un arbre ou sur un cours d'eau. Mais la récurrence de ce motif finit par avoir quelque chose d'envahissant. Comme si, de plan de coupe, ce plan type devenait objet central de l'attention. Dans des séquences souvent musicales de *À la Merveille*, l'abondance des plans de nature doublés de voix off donne l'impression que le cœur du récit se trouve dans ces digressions. En clair, ces plans deviennent encore plus importants que les autres. Ils construisent un regard unique, presque sans équivalent dans l'histoire du cinéma, où le flot sensuel prime. En réalité, il n'existe pas un plan malickien, mais un montage malickien dans lequel des chutes d'images et des raccords mènent à un éveil des sens et un éblouissement.

Les images de contre-plongées, majoritairement créées grâce au steadicam ou via l'utilisation d'un slider[51], cherchent le soleil et regardent la cime des arbres depuis le sol. Les personnages sont également filmés ainsi, donnant au spectateur l'impression étrange de se soumettre à leur divinité en les regardant avec les yeux d'un simple mortel. Cet abaissement ne se limite pas à une naïveté que l'on pourrait railler. Elle s'accompagne d'un questionnement : le fameux plan pensif. Malick nous renvoie à la splendeur de la nature, et il s'interroge sur la puissance

---

51 Une sorte de petite dolly en plus légère.

mystique de celle-ci. Comment une chose aussi éclatante peut-elle encore exister ? Le plan de coupe exprime la hantise de perdre cette beauté pure, si aisément détruite par l'homme. Car Malick n'est pas dupe, et son admiration se double de crainte. « La nature est cruelle, Staros » relève le lieutenant-colonel Storm (Nick Nolte). Cruelle et radieuse. Doit-on s'ébahir ou frissonner de voir les volcans se déchaîner ? Que ressentir face à un crocodile qui pénètre dans l'eau ? De la peur ou de l'admiration ? La voix inaugurale de *La Ligne rouge* pose d'ailleurs cette question : pourquoi la nature est-elle aussi terrible ?

COSMOS ET BACTÉRIES

« Terre, ô Terre, reviens ! / Surgis de l'herbe humide de rosée ! /
La nuit est usée/ Et le Matin/ Se lève de la masse ensoleillée. »
Introduction dans Les Chants d'expérience, *de William Blake*

VERTIGE DES ÉCHELLES

Une sauterelle dans les blés, puis une planète ; une météorite,
puis un organisme vivant microscopique ; de l'infiniment petit
à l'infiniment grand, le vertige des échelles revient souvent chez
Malick. Aux souvenirs de Jack dans *The Tree of Life* se greffe
tout un segment sur l'apparition de la vie. Le film part du big-
bang pour arriver à une météorite provoquant l'extinction des
dinosaures (ou de la vie humaine, les interprétations divergent).
Entre-temps, l'univers prend forme, la planète Terre apparaît
dans un chaos d'éruptions volcaniques, puis des micro-
organismes se développent, des créatures sortent de l'eau, dont
les dinosaures. Après cet épisode préhistorique, le retour à la
famille texane se fait naturellement. Ce jeu du petit et du grand a
pour but de tout remettre à la même échelle. Après tout, que l'on
filme un bâtiment immense ou le pied d'un nouveau-né, la taille
de l'écran reste la même.

De plus, il y a, dans ce choc des échelles, un sentiment
d'intrusion totale. La caméra peut aller tout capter, rien ne
l'arrête. Quand le blé repousse au printemps chez le fermier

malade des *Moissons du ciel*, une séquence en *time-lapse* filme en détail l'événement. Un plan furtif saisit l'accouchement de Mme O'Brien, d'autres explorent les fonds marins. Et puis, il y a cette manière de faire face aux planètes, filmées en majesté, au son du *Lacrimosa* de Mozart.

Plus que de citer *2001, L'Odyssée de l'espace* (Stanley Kubrick, 1968) et le cinéma expérimental de Jordan Belson, cette partie de *The Tree of Life* fait ressurgir le souvenir de *Contact* (Robert Zemeckis, 1997). Le film s'ouvre sur une image de notre planète vue de l'espace, avec le continent américain au centre, puis le travelling le plus immense du cinéma s'enclenche : Mars, Jupiter, le système solaire dans son ensemble, la voie lactée puis la myriade d'autres galaxies qui composent l'univers. Les sons que l'on entend partent de bribes radiophoniques les plus récentes – car nouvellement envoyées dans les airs – et remontent le temps, jusqu'à ce que les années lumières laissent place au silence. Et c'est une fois que nous sommes perdus dans l'univers, à ne plus savoir vers où diriger notre regard pour retrouver le chemin de notre galaxie, que le travelling arrière se finit dans un œil humain. Tout l'univers contenu dans un œil, l'infini dans quelques centimètres de matière, voilà un beau vertige métaphysique. Ce plan de *Contact* n'est-il pas un plan pensif comme défini précédemment ? Qu'il s'agisse d'un astre ou d'un microbe, Malick filme tout sur un pied d'égalité, avec la même admiration. D'un coup, les échelles de valeurs se rééquilibrent. Tout a sa place, au même niveau, sur l'écran. Paradoxalement, ce processus intime, sidère. Il nous ramène à notre modeste rôle dans l'immensité.

La scène avec les dinosaures, si souvent raillée pour son côté grotesque (et qui a provoqué l'hilarité chez certains spectateurs), constitue pourtant l'un des instants les plus beaux du film : un bipède carnivore surprend un herbivore en position de faiblesse au bord d'une rivière. Il pose son bec sur la tête de sa potentielle victime (devrait-on dire le visage, tant les expressions laissent transparaître des émotions quasi humaines ?). Finalement, au lieu de l'attaquer pour le manger, le bipède regarde sa proie attentivement, puis lui épargne la vie. Par cette scène très simple, Malick retire à l'homme l'exclusivité du sentiment compassionnel. « On peut se moquer de cet animal miséricordieux. On peut aussi être ému de voir dans la pitié de cette bête l'hypothèse sidérante que l'empathie caractéristique de l'être humain a existé avant lui, que l'essence a précédé l'existence[52] ». Pour la première fois, un être vivant fait le choix entre le bien et le mal, entre la pulsion et la conscience. Le scénario du film semble donner raison à cette théorie : « Les reptiles descendent des amphibiens et les dinosaures des reptiles. Chez les dinosaures, on découvre les premiers signes de l'amour maternel, et les créatures apprennent à prendre soin de l'autre. L'amour n'est-il pas, lui aussi, un acte de la création ? Qu'aurions-nous fait sans lui ? Avec le silence de l'ombre, la conscience venait de s'insinuer dans l'univers[53]. »

---

52 Christophe Beney, « Le dinosaure et l'enfant », *Palmarès magazine* n° 5, p. 65-66.

53 Jim Emerson « *The Tree of Life* : the missing link discovered », *Chicago Suntimes*, 11 avril 2011. Extrait du scénario de 2007, traduit en français dans Pierre Berthomieu, *op. cit.*, 2013, p. 242.

Se pose alors une question au sujet de l'âme humaine : Est-ce d'elle que proviennent les sentiments ? Car, si la pitié nous préexiste, qu'est-ce qui nous différencie des animaux ? À ce sujet, les preuves que les animaux éprouvent de l'amour se multiplient. Certaines espèces restent même fidèles toute leur vie à un mâle ou à une femelle. Il y a par exemple les inséparables, mais aussi les cygnes ou les gibbons. Les éléphants font preuve d'un attachement maternel particulièrement développé quand les femelles pleurant la disparition de leurs petits. De 1999 à 2006, une orque prénommée Luna a côtoyé les hommes. Elle ne réclamait aucunement à manger, mais elle cherchait à jouer, à rester en leur compagnie pour combler sa solitude. Malgré les efforts des autorités pour l'en éloigner, elle est toujours revenue, à tel point qu'elle fut surnommée « l'orque qui aimait les humains ». Bref, le sentiment d'attachement n'est pas l'apanage de l'homme.

Ces questionnements ethnologiques et zoologiques sont forcément présents dans l'esprit de Malick, héritier de l'ornithologue-peintre Audubon et de l'écrivain Melville.

TROUVER L'ANIMALITÉ

Reste qu'aucune lecture symbolique de l'animal ou du végétal n'est applicable. Le crocodile qui pénètre dans les eaux troubles en ouverture de *La Ligne rouge* évoque aussi bien l'effroi que la fascination. Mais il n'est pas une métaphore du soldat, ou de l'homme occidental. Il n'y a aucune analogie à en tirer. En revanche, l'animalité des humains est bien présente.

Un plan troublant de *La Balade sauvage* laisse présager que Holly est associée au poisson. Dans le jardin familial, un gros poisson sur lequel on peut lire le mot «proie» partage le cadre avec elle. Cette scène fait écho au moment où la jeune fille a laissé mourir son poisson-chat[54]. Elle culpabilise de cette mort, alors qu'elle ne prend jamais en pitié les humains tombés sous les coups de Kit – pas même son père. Ce poisson familial apparaît à l'étroit dans son bocal, au même titre qu'Holly, qui tourne en rond chez elle. Elle est demandeuse de «balade». Plus tard, quand Kit pêche, elle le toise du regard, sans lui apporter son aide. Il s'agit de leur première dispute. Cette animalité logée au sein des personnages se décèle aussi en Kit. Alors qu'il s'occupe des poubelles, il tombe sur un chien mort. Le motif canin se retrouve aussi dès la première apparition d'Holly, qui est avec son animal de compagnie sur le lit. D'autres canidés présents dans le film sont toujours plus ou moins directement associés à Kit. Par exemple, quand M. Sargis tue le chien de sa fille, Kit devient le substitut de celui-ci. Non seulement il venge le crime, mais son apparition est liée au bruit du chien : «lorsque Holly s'approche de la fenêtre et regarde dehors, racontant en voix off que Kit est l'homme le plus beau qu'elle ait rencontré, un aboiement retentit, précédant d'une seconde seulement un plan de Kit, dehors, en contrechamp du regard de la jeune fille. Qu'est-ce qui a attiré l'attention de Holly vers sa fenêtre alors que Kit s'approchait de la maison, si ce n'est ces

---

54 «Durant tout ce temps, je n'ai commis qu'une seule faute : j'ai jeté mon poisson qui était malade.»

aboiements[55] ? » La masculinité se traduit ici par une forme de faiblesse que constituent les pulsions de Kit, à l'instar de l'animal qui ne peut canaliser les siennes.

Si une telle analogie n'existe pas dans les autres films, ce simple état de fait dans *La Balade sauvage* nous éclaire sur les comportements des personnages chez Malick. Les injonctions du lieutenant Tall dans *La Ligne rouge* deviennent ainsi de véritables aboiements. À deux reprises dans *Les Moissons du ciel*, Bill assaille son agresseur, d'abord un saisonnier qui parle de sa fausse sœur, puis le fermier dans un combat tragique. À chaque fois, l'attaque est expéditive, aussi soudaine qu'un éclair, aussi dangereuse que la morsure d'un serpent. Puis tout redevient calme presque aussi vite. Cela évoque une bête sauvage qui peut attaquer d'un coup sans prévenir, puis retourner aussi vite dans sa tanière. Plus globalement, cette férocité animale se retrouve chez tous les protagonistes masculins. Sean Penn, Christian Bale et Colin Farrell sont connus pour avoir incarné dans leur carrière des hommes aux tempéraments forts et aux attitudes brutales. Farrell s'est même fait une spécialité du personnage autodestructeur, de *Alexandre* (Oliver Stone, 2004) à *Bons Baisers de Bruges* (Martin McDonagh, 2008) en passant par *Miami Vice* (Michael Mann, 2006). C'est comme si Malick choisissait des chiens enragés et qu'il canalisait leur jeu, conférant une certaine retenue à celui-ci. Ce sont des chiens qui n'aboient presque plus et qui révèlent leur sensibilité.

55 *La Balade sauvage, op. cit.*, p. 106.

Une autre chose attire l'attention dans le plan initial de *La Balade sauvage*. La relation entre l'humain et l'animal est dépourvue de toute forme de communication. Holly ne dit rien à son chien. Les animaux sont mis en sourdine, la parole ne leur est jamais donnée, et leurs rares cris sont noyés dans une foule d'autres sons. Le chant des oiseaux est indifférencié. Les perroquets de *La Ligne rouge* dans leur cage, ou ceux tenant compagnie aux amants du *Nouveau Monde*, ne font aucun bruit. Dans la très grande majorité des cas, les espèces animales ne partagent pas le cadre avec les humains. Et quand elles le font, elles n'interagissent pas avec eux. En témoigne cette scène nodale de *À la Merveille* où l'amour entre Neil et Jane se cristallise par un moment de grâce au milieu des bisons. Ces derniers n'ont bien sûr pas conscience de ce qui se joue. Ils sont juste là, à leur place. Le papillon qui arrive sur le bras de Jessica Chastain n'a que faire de son sort. D'ailleurs, il s'agissait d'un accident bienheureux de tournage. On peut cependant noter une exception : les sauterelles qui ravagent les champs du fermier des *Moissons du ciel*. Là encore pourtant, chaque partie joue son rôle. Les sauterelles vivent en toute indépendance et n'éveillent le courroux humain que par leur profusion.

Quand Michel Chion estime que cette façon de traiter de la même manière l'humain et l'animal isolés relève de l'anthropomorphisme, peut-être fait-il une erreur d'interprétation. Il en tire la conclusion que la théorie darwiniste n'y a pas sa place, que cet anthropomorphisme nous éloigne de l'évolution des espèces. Or, c'est justement parce que Malick laisse chaque composante à sa place qu'il est pleinement darwiniste. Sinon, pourquoi s'intéresserait-il à la création du monde et aux sources – biologiques – de la vie ? Il ne propage en rien les théories créationnistes qui, rappelons-le, estiment que les espèces furent mises sur Terre par Dieu. Si l'acte de création originel est évoqué dans *The Tree of Life*, Malick suit pas à pas les évolutions des espèces – montrant bien qu'il s'agit d'une série de mutations biologiques – avec une méthode à mi-chemin entre l'encyclopédie et le bric-à-brac[56]. Et quand bien même Malick traite de l'existence de Dieu, relevons que Darwin lui-même prenait soin de citer le créateur dans son ouvrage *De l'origine des espèces* (1859)[57]. De surcroît, Malick ne fait que laisser s'émanciper les êtres vivants en tant qu'entités mues par leur propre force. Il applique les théories darwinistes et son idée de la sélection naturelle. Charles Darwin se fondait sur une idée de Malthus : dans un espace déterminé, il naît plus d'être vivant que le milieu ne peut en nourrir. S'installe alors une lutte entre les espèces, mais aussi à l'intérieur de chaque espèce. Seuls les individus les plus adaptées survivent et se reproduisent.

56 La méthode même du réalisateur pour trier les *rushes* avant le montage a quelque chose de l'ordre du classement encyclopédique. Mark Yoshikawa, l'un de ses monteurs, en atteste : «Nous avions des dossiers avec des entrées "terre", "ciel", "eau", "animaux", "divers", et, dans chaque dossier, des entrées plus spécifiques», dans Bilge Ebiri, «Growing *The Tree of life* : Editing Malick's Odyssey», *Cinema editor*, Los Angeles, printemps 2011.

57 En toute bonne foi, il convient de relever que c'était par prudence politique. Néanmoins, *stricto sensu*, il n'est pas recevable de dire Malick non darwiniste quand il évoque Dieu en parlant des origines.

À cette démonstration répond en écho le questionnement initial de *La Ligne rouge* : « Quelle est cette guerre au milieu de la nature ? » Les affrontements entre humains sont une de ces luttes internes aux espèces.

Mais ce que filme Malick, c'est aussi la lutte entre les espèces. Chaque plante essaie de prendre la place de sa voisine. Certaines grandissent, d'autres trouvent une petite place, restent à l'ombre ou se développent au-dessus des cimes. L'homme abandonné par sa femme ne se reproduira pas (du moins pas avec elle) et la feuille tachetée de sang porte le stigmate de la disparition d'un autre homme. En revanche, contrairement à Darwin, Malick n'explique rien, il observe et admire cette guerre constante des espèces. Et en prêtant des sentiments humains aux dinosaures, il suggère la simple idée poétique qu'au sein de la théorie de l'évolution des espèces, des caractères profondément humains nous ont peut-être précédés.

LE LANGAGE DE LA SOLITUDE

Les humains sont constamment plongés dans leur solitude : Kit n'a aucune compagnie au début de *La Balade sauvage*, Pocahontas est abandonnée par les êtres qu'elle aime, Smith s'égare sur les territoires nordiques, le fermier malade souffre en silence dans sa maison, le contremaître de celui-ci, véritable père de substitution, est mis au ban par le trio de menteurs. Et que dire de Linda, orpheline à peine épaulée par une amie, de Jack qui déambule et rumine ses remords, de Marina, à la démarche chancelante dans les champs et les rues américaines. Ce qui tient les hommes ensemble, c'est leur solitude commune.

À *la Merveille*, dont la solitude est une composante centrale, rappelle un autre film, méconnu, qui traite de la solitude d'un homme et d'une femme : dans *Automn Fire* (Herman G. Weinberg, 1931), deux êtres égarés se cherchent. Le montage impressionniste, la présence enivrante de la nature et la langueur de la musique rappellent À *la Merveille*. Chaque personnage évolue dans sa bulle, sans jamais communiquer. Puis, sur le quai d'une gare, ces deux âmes en peine se croisent et s'enlacent dans un tourbillon panthéiste. Le film se clôt sur un sourire, celui de la femme, soulagée d'avoir quelqu'un qui entre dans sa bulle, soulagée de ne plus être seule.

« Seuls ? Seulement entouré de gens », philosophe le sergent Welsh. « Laisse-moi sentir le manque », ajoute-t-il dans une phrase sans destinataire. À ce titre, *La Ligne rouge* se caractérise par son absence de scène de communion. Il n'y a ni grand repas entre soldats ni chant fraternel (sauf chez les mélanésiens). Les rares moments de joie sont filmés à distance, souvent avec un son étouffé. Quand Bell (Ben Chaplin) lit la lettre de rupture, il est seul, littéralement abandonné. Staros l'est aussi : malgré les remerciements de ses hommes pour les avoir dirigés, il doit quitter le front pour outrage à supérieur. L'exemple le plus éloquent de se motif est l'assaut du village. Chaque soldat japonais est enfermé dans sa foi ou dans sa terreur. Aucun chef ne mène les troupes, c'est un ensemble d'individus qui, a nos yeux, ne forme pas un tout. À ce moment, le soldat Doll dit à un soldat japonais, non sans cynisme, qu'il sera dévoré par les charognards au-dessus de sa tête. Le Japonais lui répond dans sa langue sans que l'on comprenne. En réalité, ce soldat dit plus ou moins la même chose : que tout être humain mourra, que l'Américain est déjà condamné par le sort que lui réserve la vie. Doll lui fait signe qu'il ne saisit pas, et qu'il s'en moque. Lors de la diversion de Witt à la fin du film, la barrière de la langue revêt un aspect plus dramatique encore. Witt attire les ennemis vers lui afin de laisser ses camarades progresser le long de la rivière. Le plan fonctionne et il se retrouve cerné de toutes parts. Un soldat ennemi vocifère. L'incompréhension manifeste de Witt, qui n'exécute pas les ordres, aboutit à un coup de feu fatal. Or, ce que disait son ennemi n'était pas aussi définitif sur le sort de Witt : « Rends-toi (tournure brutale), c'est toi qui as tué mon ami de guerre. Mais je ne veux pas te tuer, tu es déjà cerné. Rends-toi[58] ! »

Chez Malick, les langues sont multiples, mais les idées, les sensations et les sentiments sont souvent les mêmes chez plusieurs personnages. Les langues se croisent mais ne se répondent pas toujours. La communication s'en retrouve parasitée. Jane et Marina expriment la solitude de leur monde respectif de la même façon, mais l'une le fait en anglais, l'autre en français. Marina déclame même un « je t'aime » en russe. Se greffent dessus les pensées du père Quintana en espagnol et les conseils d'une amie de Marina en italien. Les voix chez Malick sont des solistes qui ne forment un tout que par effet de montage. En réalité, ces voix off ne se répondent pas.

---

58 Michel Chion a demandé à une amie de lui de traduire ces paroles nippones.

Susurrée, soupirée, bafouillée, la voix off chez Terrence Malick a une tonalité très spéciale, au point de dérouter. On dit qu'elle est inclassable, qu'elle ne ressemble à rien de connu. C'est vrai qu'il est étrange, ce soupir lyrique : « Où es-tu ? », « Enfin », « Si tu m'aimes », « Aimer », autant de tournures simples, naïves, lancées en l'air, au rythme du montage, de la musique et des errances des personnages. Des pensées complexes traversent les personnages et aboutissent paradoxalement à des mots simples. Deux phrases qui se suivent n'ont pas forcément un lien causal direct, mais elles participent d'un cheminement intérieur du ou des personnages.

Qu'est-ce qui différencie la voix off malickienne des autres ? C'est qu'elle n'éclaire pas le spectateur, comme on pourrait s'y attendre, mais elle l'égare. Habituellement, quand bien même elle est expérimentale, la voix off sert de guide au public. C'est le cas chez les grands cinéastes américains où la voix off sert d'élément narratif central (les films de Mankiewicz, de Woody Allen, la plupart des films noirs, *Boulevard du crépuscule* de Billy Wilder). Et les formes les plus originales nous viennent souvent des Européens : le pionnier Sacha Guitry, le narrateur nostalgique des *Fraises sauvages* (Ingmar Bergman, 1957) et de *La Jetée* (Chris Marker, 1962), le narrateur multiple de chez Resnais (*Mon oncle d'Amérique*, 1960 ; *Hiroshima mon amour*, 1959). Nul doute que ces noms ont inspiré plus ou moins directement Malick.

Une évolution sensible est à relever. Dans ses films des années 1970, c'est une voix seule, féminine, qui raconte avec plus ou moins de détachement les faits, les pensées surlignant ou contredisant ce qui se passe à l'image. La voix off a déjà une fonction double de distanciation et d'identification. Chez Holly, une forme d'ironie se dessine. Avec la petite Linda des *Moissons du ciel*, les choses changent un peu. Malick a fait enregistrer des heures de commentaires à la jeune fille. Il lui montrait des photos, des extraits du film, et il lui demandait de réagir. En résulte ce mélange de déclarations naïves, de moments où elle épouse le point de vue d'autrui et de récits rétrospectifs. Sa voix montre un éveil aux réalités du monde et à l'injustice sociale, un peu à la manière des *Aventures de Huckleberry Finn* de Mark Twain[59]. Avec *La Ligne rouge* et la fragmentation des points de vue, les voix off prennent une fonction plus ample. Elles ne commentent plus les faits, mais se concentrent sur les états d'âmes. C'est là que les questions naissent, se multiplient, sont lancées en l'air sans forcément en attendre de retour. Surtout, le point de vue des âmes forme un tout dont les voix off sont des traces éphémères que la bande-son nous transmet.

Trois voix intérieures s'expriment dans *Le Nouveau Monde* : celles de Smith et de Pocahontas se côtoient, puis celle de Rolfe remplace celle de Smith. Notons que Pocahontas est déjà dotée d'une voix intérieure en anglais alors qu'elle n'a pas encore rencontré les colons. Les idiomes différents de Smith et de la princesse ne sont pas des barrières à leur amour. Leur symbiose se caractérise par cette impression qu'ils se comprennent

---

59 Comparaison tirée de Lloyd Michaels, *Terrence Malick*, University of Illinois Press, 2008, p. 45.

intérieurement, qu'ils communiquent sans parole. C'est une impression trompeuse puisqu'en fait ce sont deux monologues qui se croisent, qui se cherchent dans un monde changeant. Ils questionnent leurs états d'âmes pour mieux s'y noyer. Les personnages évoluent au fil de leur voix intérieure, comme si elle servait de guide à l'action à mener ou à l'idéal à accomplir. Elle est faite de doutes, de renoncements, de supplications parfois évasives. La voix off n'est pas parasitée par le monde, elle est une boussole fiable pour le personnage. Ainsi, quand le capitaine Smith remonte le fleuve qui doit lui permettre d'entrer en contact avec les Amérindiens, il songe à un monde utopique, débarrassé de la propriété et de la cupidité. Il se sent guidé : «Quelle est cette voix qui parle en moi. Qui me guide vers le meilleur ? Où ? »

LES FRAGMENTS IMMERSIFS

« Farewell to the forrests and wild-hanging woods ;
Farwell to the torrents and loud-pouring floods. »
« My Heart's in the Highlands », Robert Burns

LA VALLÉE MONUMENTALE

La conscience de la puissance des espaces a conduit le cinéma
américain à mettre en scène un rapport humain/environnement
où l'homme ne prend pas le dessus. Le western, plus que tout
autre genre, a toujours développé une façon de filmer l'espace qui
permet de contempler la terre et le ciel, de parcourir des villes
fantômes, d'utiliser l'architecture des bâtisses pour trouver des
angles de tirs et d'observation. Ainsi, le plan d'ensemble ne sert
pas qu'à situer l'action, mais il crée un rapport humain-nature. Le
western se définit d'abord par un espace : l'Arizona, le Nouveau-
Mexique, l'Utah. Il prend comme décor des sites remarquables tel
qu'Alabama Hills et surtout la Monument Valley, résumant dans
l'imaginaire collectif le paysage du western classique. John Ford
y tourna une dizaine de fois, et Sergio Leone fit le lien entre le
western spaghetti, dont il est héritier, et le western classique en
incluant la Monument Valley à *Il était une fois dans l'Ouest*. Les
westerns crépusculaires récents *(Impitoyable, L'Assassinat de Jesse
James par le lâche Robert Ford, Trois enterrements)* façonnent
leurs discours nostalgiques en filmant de grands espaces où se

perdent leurs anti-héros. Car dépeindre l'environnement, c'est aussi lui créer une cohérence sensitive, faite d'odeurs qu'on imagine, de couleurs marquantes, de gestes du quotidien. L'homme est directement mis en relation avec son environnement. Cette approche du quotidien magnifié fut souvent attribuée à Ford, mais l'apport de Hawks en la matière n'est pas à oublier[60].

Malick n'a jamais réalisé de western. Pourtant, il adopte une posture semblable dans sa façon d'immerger l'acteur dans un cadre qui le dépasse, dans sa manière de magnifier le quotidien et de laisser ses héros s'ébahir de la beauté qui les entoure. Le réalisateur ne se contente pas de plans illustratifs sur un héros surplombant la vallée (comme John Wayne observant l'étendue désertique). Il tente des angles originaux, en forte contre-plongée, ou débullés ; parfois les images sont à l'envers (ce plan des ombres des enfants qui jouent dans *The Tree of Life*). Il capte les rayons, les filtre avec des rideaux ou des doigts, il capture l'épiderme doré par le soleil, filme les reflets dans l'eau. Quand le cadre égare un être, c'est pour mieux le rattraper le plan d'après. Sean Penn poursuit son alter ego enfant au milieu d'une vallée désertique. Le plan provoque une sensation de perte et de retrouvailles. L'une des rares fois où un personnage est sous-exposé, c'est dans *Les Moissons du ciel,* quand Richard Gere disparaît presque dans les champs envahis de sauterelles. Il est un ectoplasme au milieu du déluge. Malick se plaît à mettre ses personnages dans la pénombre, où seule

---

60 N'oublions pas la puissance de l'espace dans un film comme *La Rivière rouge* (1948), périple qui sent la poussière et le feu de camp.

une bougie empêche l'obscurité, puis il les fait réapparaître au grand jour. Il aime aussi les laisser se mouvoir en contre-jour en leur offrant la plus belle des lumières.

On catégorise souvent à tort Malick comme un réalisateur « spontané », l'opposant ainsi à ceux qui soignent la préparation et peaufinent longuement les dialogues. Au contraire, c'est un amoureux des beaux mots, des dialogues élégants. Mais à ce ciselage du scénario, il greffe des patchworks qu'il colle, enlève, remet. S'il fait confiance à son instinct, la durée de préparation de ses films et la méticulosité avec laquelle sont réalisés les castings plaident pour la théorie que seule cette préparation extrême en amont permet cette souplesse au moment du tournage. En revanche, là où la spontanéité est primordiale, c'est lorsqu'il demande à ses acteurs et ses équipes de rester toujours sur le qui-vive, dans l'optique de saisir l'instant, ce moment qu'on ne peut en aucun cas anticiper.

L'ACTEUR : COMPOSANTE D'UN TOUT

Compte tenu des méthodes de travail de Malick et de son approche du montage, les acteurs furent parfois déstabilisés, voire déçus par leur faible présence à l'écran dans les versions finales des films. Richard Gere avait fait part de son mécontentement à l'époque des *Moissons du ciel* et estimait que le cinéaste ne savait pas diriger des acteurs. Christopher Plummer s'est dit écœuré d'apparaître si peu dans *Le Nouveau Monde* alors qu'ils avaient beaucoup tourné et que les journées avaient été éprouvantes[61]. Quant à Sean Penn, pourtant proche du cinéaste texan et source d'inspiration pour lui, il fut furieux d'être réduit à une portion congrue dans *The Tree of Life*, à tel point qu'il faillit refuser de défendre le film à Cannes[62]. En réalité, ces rancœurs trahissent bien le rapport unique que le réalisateur bâtit avec l'acteur. Il ne lui laisse pas la place centrale, il n'y a pas de star, pas de hiérarchisation. Pour *La Ligne rouge*, le point de vue s'est déplacé au fil de la production. À l'origine, le caporal Fife, alias Adrien Brody, était le personnage principal. Après le montage, il n'apparaît plus que comme un soldat parmi les autres, mutique et l'air constamment effrayé, tandis que Jim Caviezel se retrouve au cœur du film. Même chose pour *À la Merveille* : Ben Affleck, dont le personnage était central lors de l'écriture du scénario, se retrouve presque sans texte, et c'est Olga Kurylenko qui capte toute l'attention. Et encore, il faudrait lister tous les acteurs connus qui ont tourné avec Malick sans se retrouver dans le montage final de *À la Merveille*. Pêle-mêle, on peut citer : Martin Sheen, Rachel Weisz, Barry Pepper, Amanda Peet et Jessica Chastain, qui pâtirent des coups de ciseaux du montage. À l'époque de *La Ligne rouge*,

61 « Le problème avec Terry, c'est qu'il lui faut un scénariste. Il surécrit ses films jusqu'à être le plus prétentieux possible... et puis il monte le film de telle manière que tous les acteurs en disparaissent [...]. Mon personnage a tourné dans plein d'endroits différents, et dans la salle de montage j'ai réalisé qu'il était dans des scènes dont je ne me rappelle pas... C'est très étrange. Tout est déstabilisé. Une scène très émouvante dans laquelle je me trouvais se transforme en bruit de fond. »

62 « Franchement, je me demande encore ce que j'y faisais et ce que j'étais censé ajouter au film ! Le pire, c'est que Terry n'a jamais été capable de me l'expliquer clairement... »

Viggo Mortensen, Gary Oldman, Bill Pullman, Martin Sheen et surtout Mickey Rourke – dans le rôle d'un sniper oublié – passèrent à la trappe. George Clooney et John Travolta se retrouvèrent quant à eux avec une seule scène. Dans *Le Nouveau Monde*, John Savage et Ben Chaplin durent se contenter de rôles de figurant, à peine plus présents à l'écran que la femme de Malick (Alexandra Malick y joue la reine Anne).

Malick instaure de nouvelles règles et fait évoluer en conséquence la place de l'acteur au sein du film : celui-ci n'est jamais la pièce centrale du puzzle. Par exemple, il lui arrive d'inverser, au dernier moment, une ligne de dialogue et de la donner à un autre comédien. De même, il demande souvent aux acteurs de simplement regarder au loin, de marcher. Il filme en continu, capte des instants inédits. On saisit bien l'étrangeté de la situation pour les acteurs qui aiment se préparer et se poser des questions, qui intériorisent pour mieux comprendre et exprimer les sentiments des personnages. Si Malick explicite en amont chaque personnage, décrit avec précision leur parcours intérieur (c'est en tout cas ce qu'a répété en boucle Olga Kurylenko au moment de la promotion), cela n'empêche pas une sorte d'abandon de soi une fois sur le plateau. Dans les bonus Blu-ray de *La Ligne rouge*, Elias Koteas résume bien le mode de fonctionnement de Malick avec les acteurs : « [Il donne] des indications très pragmatiques. C'est un peu… humiliant. Mais on finit par comprendre qu'on fait partie d'un tout. Il suffit de l'accepter. » Il refaisait le même passage le matin, en milieu de journée et le soir. Ainsi, il dispose de trois versions de la scène, et peut les inclure comme bon lui semble au montage.

Pour préparer les acteurs à leur rôle, les réalisateurs leur communiquent tout un tas de références de films, de livres, avec parfois d'autres formes d'arts qui entrent en compte. Malick ne fait pas exception. Pour construire son personnage de mère aimante, Jessica Chastain eut droit à une évocation de la peinture européenne de la Renaissance. « J'ai regardé, à la demande de Terrence Malick, les peintures de madones de Raphaël au Metropolitan Museum of Art à New-York. J'imitais la façon dont elles plaçaient les mains, leur regard tourné vers le ciel, à la recherche du paradis. J'ai essayé de transposer cela[63]. »

La peinture est une composante essentielle des six films de Malick. Edward Hopper fut une source d'inspiration centrale pour *Les Moissons du ciel,* notamment à travers la toile *House by the Railroad* (1925). Effectivement, la maison du fermier, édifiée par le chef décorateur attitré de Malick, Jack Fisk, ressemble très fortement à la belle structure blanche de chez Hopper. D'autres composantes de l'œuvre d'Hopper irriguent l'esthétique malickenne : le rapport aux transparences et l'irruption dans l'intimité. Souvent, chez le peintre, des personnages sont derrières des vitres (*Cap Cod Morning,* 1950), au pas d'une porte (*Summertime,* 1943 ; *Sunday,* 1926), irradiés par la lumière (*People in the Sun,* 1960). On a le sentiment d'observer en cachette leur quotidien, et ce jusque dans leur intimité

63 Interview de Valentine Pétry, « Jessica Chastain l'indomptable », *L'Express,* n° 3193, 12 au 18 septembre 2012, cahier n° 2 « Style », p. 49.

– néanmoins pudique. Ce sont des scènes de vie quotidiennes, où un homme lit son journal (*Room in New-York*; 1932), où une femme sort de son lit (*Morning in the city*; 1941). Cette intimité se ressent aussi chez Malick, notamment dans ses derniers films. Marina regarde son compagnon partir depuis la fenêtre, la caméra reste près d'eux au moment des ébats amoureux, pendant les disputes, sans jamais que cette observation ne devienne une démonstration de la nature du rapport sexuel ou des scènes de ménage.

Tous les plans au cours desquels des corps se présentent devant des fenêtres, s'enroulent dans des rideaux alors que le paysage à l'extérieur reste visible, convoquent un autre grand nom de la peinture américaine : Andrew Wyeth. Là encore, *Les Moissons du ciel* semble en être l'héritier direct. Un plan d'Abby dans les champs est une citation explicite de *Christina's Word* (1948). Le tableau représente une femme paralysée des jambes qui rampe vers une maison. Pourquoi lier Abby à cette femme ? Fait-il d'elle une femme paralysée, constamment aimantée par cette maison du mensonge ? Rien n'est moins sûr. C'est de toute évidence l'apport esthétique, la composition, la manière dont la femme est envahie par les couleurs vertes des champs qui le fascinent.

Pierre Bethomieu étend les exemples d'influences picturales de Malick au luminisme de Bierstadt et de Frederic Edwin Church, chez qui « le paysage et la lumière dessinent une aura spirituelle. […] À l'ampleur paysagiste se mélange le dépouillement plus moderne et plus inquiet d'Hopper[64]». L'influence des peintres américains de la Hudson River School (dont une autre figure de proue, Thomas Cole, paraît moins prégnante) est assez courante chez les réalisateurs du pays. Cette aura spirituelle présente chez les luministes donne une dimension panthéiste et biblique. « Dans ces tableaux, le paysage est considéré comme un personnage divin, qui juge les hommes. On le voit dans le traitement des lumières, de la perspective, qui sont accentuées. Il y a un côté nature mère, nature créatrice, nature grandiose, inquiétante, nourricière. Toute la conception chrétienne de la nature. Ces tableaux sont souvent emphatiques, bien sûr[65]. »

Malick ne serait-il qu'un descendant d'une culture picturale américaine ? Pas vraiment, si l'on en juge les origines même du luminisme. C'est un courant né en Belgique, sous l'égide d'Émile Claus, lui-même inspiré par l'impressionnisme français et le pointillisme flamand. Autant d'influences européennes qui se retrouvent dans l'approche sensorielle et esthétique du *Nouveau Monde* ou de *À la Merveille*. Par touches, par petits coups de pinceaux, se forment des tâches de lumière qui constituent des peintures mouvantes. Malick a confiance en la puissance esthétique de l'image, comme les luministes belges, puis américains, croyaient en la beauté d'un dessin achevé (en cela, ils s'éloignent de l'impressionnisme à la Monet).

64 Pierre Berthomieu, « La question sans réponse, la spiritualité spectaculaire de Terrence Malick », *Hollywood Moderne, Le temps des voyants*, Rouge Profond, 2011, p. 655.

65 Propos tenus par Olivier Masmonteil pour *Télérama* en janvier 2013 à propos des influences picturales de *Take Shelter* de Jeff Nichols.

Une autre influence européenne semble résonner avec le monde tel que le perçoit vraisemblablement Malick : le baroque, notamment dans son versant flamand. Nous sommes moins dans l'apport esthétique que dans l'influence d'une vision globale du monde. Issu d'une division religieuse en Europe entre les chrétiens fidèles à l'Église romaine et les réformateurs protestants, le baroque s'oppose à la trop grande importance de la symétrie, de la proportion, de l'équilibre. Malick le répète à ses chefs opérateurs : ne pas chercher l'image parfaite, le cadre au millimètre près, la symétrie trop évidente. Heinrich Wölfflin définissait le style baroque selon ces quelques oppositions[66] : le style classique est linéaire, il s'attache à l'objet en le définissant et en l'isolant. Le baroque, lui, rattache les sujets à leur environnement. Il privilégie la profondeur à la structure par empilement de plans. Surtout, l'unité du style classique se fait dans la claire définition visible de ses éléments, quand le baroque joue sur une unité invisible. Évidemment, cela ne veut pas dire que Malick rejette l'art classique de la Renaissance, l'exemple avec Jessica Chastain le prouve bien.

Par cette double influence picturale, américaine et européenne, Malick affirme une double appartenance culturelle, en les faisant constamment dialoguer l'une et l'autre. Mais la forme picturale qu'il privilégie reste très marquée par l'imaginaire américain, en dessinant une scénographie issue de la pastorale biblique repensée à l'aune des mythes de la terre vierge.

---

66 Heinrich Wölfflin, *Principes fondamentaux de l'histoire de l'art*, 1915. Par ailleurs, le terme « baroque » est aujourd'hui peu utilisé car il concerne des formes artistiques trop diverses. Mais nous resterons ici cantonnés à la démonstration de Wölfflin.

Une fois la rétine du spectateur captivée, il ne reste à Malick qu'à subjuguer son oreille. Pour une fois, la paternité de Stanley Kubrick s'accorde avec les ambitions sonores malickiennes. Les deux sont des utilisateurs compulsifs de morceaux de musiques classiques préexistants. Ces pièces attirent l'attention, elles créent une sensation de dialogue avec un spectateur qui n'y connaîtrait rien, car les grandes compositions des maîtres du classique font déjà partie de nos vies. Kubrick et Malick partagent le goût de la grande symphonie, de Strauss à Mozart, de Górecki à Beethoven. Certes, Kubrick a en partie participé à la popularisation de musiques classiques encore peu connues du grand public (à tel point que le *Beau Danube bleu* de Johann Strauss est presque automatiquement associé à *2001 : l'odyssée de l'espace*) alors que Malick a, jusque-là, surtout utilisé des morceaux populaires (le « Lacrimosa » de Mozart ou « Aquarium » de Saint-Saëns). Et, contrairement à Kubrick, Malick n'a presque jamais utilisé de musique non-symphonique : quelques notes de pop sur lesquelles danse Marina (Michael Tuccio, Anne Clark) et un peu de Nat King Cole pour *La Balade sauvage*.

Si Kubrick a évité au maximum de se confronter aux compositeurs de musiques de films[67], Malick a fait appel à des signatures de renom : Ennio Morricone pour *Les Moissons du ciel*, Hans Zimmer pour *La Ligne rouge*, James Horner pour *Le Nouveau*

---

[67] La partition originale d'Alex North sur *2001* fut ignorée au profit de morceaux de Strauss et de Ligeti.

Monde et Alexandre Desplat pour *The Tree of Life*[68]. Pourtant, les créations de Morricone et de Desplat sont presque inexistantes dans les montages finaux. Une bonne partie du travail de Morricone et de Townshend consista à réorchestrer, et même à simplifier des œuvres de Saint-Saëns, Bach ou Wagner. Mises bout à bout, à peine trois minutes de musique estampillée Desplat se frayent un chemin au milieu de Mahler (*Symphonie n° 1*), de Tavener (« Funeral Canticle ») ou de Smetana (*La Moldau*). Son morceau « River » trouve néanmoins grâce aux yeux de Malick, ainsi que quelques bribes éparses de ses douze autres compositions. Desplat accepta dès le départ l'idée que sa musique serait presque entièrement escamotée au profit des maîtres. Cela ne fut pas le cas pour James Horner, engagé par le studio pour travailler sur *Le Nouveau Monde*. Auteur de l'une de ses plus belles compositions, il n'a pas digéré de voir ses partitions supplantées par celles de Wagner (« Prélude de l'Or du Rhin ») et de Mozart (*Concerto pour piano n° 23*)[69]. Deux conceptions de la mise en musique s'affrontèrent sur ce film. Horner avait « l'intuition qu'il [Malick] ne savait rien de ce qu'était la musique de film. Il n'en avait aucune expérience. [...] Dans

68 Seul *À la Merveille* a pour compositeur officiel un quasi-inconnu, Hannan Townshend, dont nous ne connaissions que le morceau « Eternal Pulse » présent sur la bande-originale de *The Tree of Life*.

69 Dans le livret du CD de sa musique pour *Le Nouveau Monde*, Horner dit tout le mal qu'il pense de Malick. À y regarder de plus près, sa musique joue quand même un rôle important dans le film. Certes, elle est moins puissante que celle de Mozart et Wagner (ce qui n'a rien d'insultant face à ces maîtres), certes une composition magnifique comme « Rolfe Proposes » a été sacrifiée, mais le thème principal et quelques autres pistes accompagnent magistralement le film.

son montage, nous n'avions aucun repère temporel, aucune structure, littéralement aucune structure. Faute de progression naturelle, impossible d'écrire de la musique pour le film[70]. » Horner décida de composer la musique avec l'aide d'un monteur qui lui construisit en parallèle des séquences telles qu'ils les imaginaient. Finalement, Malick déconstruisit et remonta les séquences comme bon lui semblait.

Ce que cherche le cinéaste n'a rien à voir avec la mise en musique conventionnelle. Malick expérimente au gré du montage pour obtenir un entrechoc de symphonies, où une musique se fond à une autre, où l'hétérogénéité des fragments utilisés forme « un grand tout ». À titre d'exemple, les compositions de Zimmer sur *La Ligne rouge* empruntent à Ives et Lupica et finissent par donner une sensation de fusion.

LA MUSIQUE ARBORESCENTE

« *The Tree of Life* peut être vu comme un requiem au fils disparu. La musique reflète cette idée, du Requiem de Tavener à celui de Preisner pour la séquence des débuts de l'univers, en passant par celui de Berlioz pour la vision de l'avenir[71]. » En suivant la musique, on trouverait son chemin. Elle servirait de guide dans la nuit. On en revient à invoquer la métaphore préférée des proches du réalisateur : la rivière, dans laquelle, quoi qu'il

70 James Horner, *The New World*, CD New Line Records, 2006.

71 Sarah Green (productrice du film), dans Paul Maher, *One Big Soul: An Oral History of Terrence Malick*, Peterborough, 2012, p. 240.

arrive, l'eau coule sans cesse et peut aller jusqu'à déborder. En composant pour *The Tree of Life*, Alexandre Desplat disait qu'il fallait inventer une sorte d'arborescence de notes : partir d'un accord simple, puis se laisser entraîner, comme les branches d'un arbre grandissant en fonction de l'espace dont elles disposent. On ne sait jamais quelle direction peut prendre une branche, ni quand une autre peut croître en son sein.

Mais, surtout, la musique transcende la pensée. Elle pose autant de questions que la voix off. Hans Zimmer résume cette idée : « Terry disait que tout devait poser des questions… Même la musique[72] ». Alors que retentit la musique de Zimmer lors d'un passage au cours duquel un soldat américain sadique nargue un soldat japonais, une autre composition fait son apparition, celle de Charles Ives. Ce morceau s'appelle « The Unanswered Question ». « Il s'agit de la *question éternelle de l'existence* posée par un bref thème de trompette sur un "fond" constitué par des accords parfaits tenus par des instruments à cordes, lesquels représentent le "silence des druides, qui ne savent, ne voient, n'entendent rien[73]". » Cette composition de 1906 détonne dans le paysage musical : prédominance des notes longuement tenues, pas de pulsation dans le rythme et une totale indépendance harmonique. La musique de Ives rejoint la narration des derniers Malick, déconnectée de la pulsation des péripéties, où l'image tient par sa simple beauté et au travers de son indépendance formelle totale. Ives comme Malick travaillent la culture

---

72 *La Ligne rouge*, Blu-ray, 2011, bonus.

73 Michel Chion, *La Ligne rouge*, Éditions de la transparence, 2005, p. 13.

profonde de l'Amérique par la juxtaposition, le collage, les jeux d'harmonies/dysharmonies, pour questionner un pays encore jeune et indéfini. Berthomieu rapproche les déclarations de Ives à propos de sa *Symphonie n° 4* et les films de Malick : « Le programme de cette œuvre ? L'inlassable quête du "Quoi ?" et du "Pourquoi ?", ces questions que la vie pose à l'esprit humain[74]. »

Car au même titre que le cinéaste texan utilise l'acteur comme la composante d'un tout, les musiques sont les pièces d'un puzzle, d'une symphonie impossible, marquée par une sensation de flottement et de vaporeux. L'accomplissement parfait n'existe pas. Ives n'a jamais pu jouer sa symphonie, Malick n'a pas donné vie à son projet « Qasida », une version de *The Tree of Life* à l'ambition encore plus démeusurée.

74 Pierre Bethomieux, *op. cit.*, 2011, p. 653.

LA PUISSANCE
DU SACRÉ

LES CIMES DE L'ESPRIT

« Telle est le plus souvent la présentation du jeune homme à la forêt,
et tel ce qu'il porte en lui de plus originel.
Il y va d'abord en chasseur et en pêcheur, jusqu'au jour où,
s'il détient les semences d'une vie meilleure,
il distingue ses propres fins, comme poète ou naturaliste peut-être,
et laisse là le fusil aussi bien que la canne à pêche. »
Walden ou la vie dans les bois, *de Henry David Thoreau*

FONDEMENTS TRANSCENDANTALISTES

Malick, Ives, deux figures de la culture américaine reliées par
un même totem spirituel : celui du transcendantalisme, dont
Emerson et Thoreau sont les figures de proue. Né en Nouvelle-
Angleterre dans la seconde moitié du XIXe siècle, le transcendantalisme se fonde sur l'essence spirituelle de l'être. L'âme
de chacun est semblable à celle du monde. C'est une philosophie ultra-individualiste à travers laquelle une personne
cherche son véritable soi. Elle donne lieu à des quêtes de héros
solitaires, ceux conçus par Herman Melville ou Mark Twain.
En cela, les personnages tourmentés de Terrence Malick
correspondent bien à ces figures de loup solitaire. Le transcendantalisme est à la fois un mode de vie, une proposition
d'utopie sociétale et un mode de pensée puisant aussi bien
dans le christianisme, le bouddhisme ou le taoïsme. Dans

Walden ou la vie dans les bois (1854), on constate la même ambivalence du narrateur que chez Malick. Le livre évoque une partie de la vie de Henry David Thoreau, un an passé en autarcie dans une forêt. À l'instar de la méditation bouddhiste, sa retraite spirituelle l'aide à ne pas dissiper son esprit à cause du monde extérieur. Thoreau semble y convoquer différentes parties de sa personne – son intellect, son cœur, ses souvenirs, son ego – comme si chacune de ces entités avait une parole propre. Ainsi, l'intellect décrit comment survivre économiquement à la vie forestière, l'ego pousse l'auteur à se mettre en scène en idéalisant certainement son portrait, le cœur le laisse s'épancher sur sa fascination d'un retour à la nature. Chaque style de récit semble révéler une facette de l'auteur : l'aventurier, l'économiste, le philosophe. L'animal Henry David côtoie l'être sociable Thoreau. La description précise de la construction d'une cabane sert de métaphore à l'exploration de son âme.

L'œuvre dans son ensemble est un collage subtil reconstituant un homme multiple, à la fois cohérent dans sa démarche et profondément fragmenté en son for intérieur. Le dédoublement narratif sert à Thoreau à construire une dialectique.

Malick joue lui aussi des dédoublements de personnages. Marina dans *À la Merveille* dit que plusieurs femmes cohabitent en elle, le capitaine Smith du *Nouveau Monde* comprend qu'il est un être en quête à la fois de pureté et de richesses matérielles. Seulement, jamais ces dédoublements ne servent une quelconque dialectique. Les pensées des individus malickiens se perdent dans un grand tout qu'on appelle nature. Le réalisateur préfère laisser ces dédoublements en suspens au sein de sa narration décentrée, c'est-à-dire de cet empilement de voix off qui ne collent pas à l'action présente à l'image. La pensée déborde. Elle parcourt les souvenirs, les projections, l'intérieur et l'infini.

Le pendant plus politique de Thoreau trouve aussi sa place dans le cinéma de Malick. Avec *La Désobéissance civile* (1849), Thoreau élabore un pamphlet sur la résistance passive. Ainsi, le transcendantalisme est une forme d'utopie toujours mouvante, car constamment en quête d'équilibre intérieur. Cet idéalisme mêlant découverte béate de la beauté du monde et révolte trouve un beau héraut avec le capitaine Smith. Dans la version longue du *Nouveau Monde*, le monologue de Smith a plus de temps pour s'épancher. Lui, l'officier captif, le soldat gracié de justesse, se met à rêver d'un monde sans propriété : « Nous bâtirons une communauté. Dur labeur et autonomie la mèneront. Sans propriétaire pour extorquer le fruit de nos labeurs. Nul n'est au-dessus d'autrui. Nous vivons sous la même loi. » Cette pensée s'accompagne de l'exploration d'un fleuve, où la voix off accompagne la découverte d'une nature luxuriante prenant toujours plus le pas sur l'humain. Dans cette scène, les colons devront abandonner leur embarcation et finir à pied pour s'enfoncer vers l'inconnu.

Des grands thèmes transcendantalistes, Malick fait le pari d'appliquer une chose : la connaissance par l'intuition. En contemplant le monde, celui fabriqué par la « surâme[75] » si chère à Emerson, et grâce à l'intuition et l'empathie, on accède à la connaissance. La figure du père Quintana en est l'application parfaite. Il écoute, il fait l'aumône, il va voir des prisonniers, des malades. Il a de l'empathie et est guidé par l'intuition de la présence divine en toutes choses. C'est un cheminement vers l'éveil. L'éveil de soi, l'éveil de son appartenance à un groupe, une société, un monde, l'éveil à la nature dans son ensemble. À partir de là, filmer le monde dans sa matérialité n'est plus un acte anodin. Malick n'insert pas des plans sur des objets à des fins purement narratives, il les filme pour ce qu'ils sont, comme il le fait avec les êtres vivants. Quand il braque sa caméra sur une feuille, il signifie l'existence de celle-ci en tant qu'entité physique concrète, qui réclame un espace défini pour vivre. Quand il fait un plan sur une chaise vide, un vitrail, un miroir ou un lustre, la même démarche s'applique. L'objet existe, il est là, il façonne le monde, signifie son utilité ou son inutilité. Dans *Le Nouveau Monde*, la chaise vide va jusqu'à « signifier l'absence de l'être aimé[76] ». Cette façon de filmer ramène l'homme à ses rites, ses traditions, son quotidien. Elle participe de la découverte du monde par un personnage en quête de repères.

75 La « surâme » est la présence de Dieu se répandant dans le monde, elle est l'énergie de la nature.

76 Pierre Berthomieu, *op. cit.*, 2011, p. 664.

Filmer ces objets, c'est une invitation à la contemplation. Le « all thing shining » qui clôt *La Ligne rouge* est une citation directe d'Emerson[77]. En ouvrant l'œil sur le monde, « I is an eye » dit le philosophe, l'être est ouvert sur l'expérience. À ce titre, le réalisateur prolonge son désir ontologique du questionnement de l'être, à l'instar de Martin Heidegger. À 23 ans, Malick traduit en anglais *Le Principe de la raison*. Plus qu'un héritage de pensée globale des préceptes d'Heidegger, on peut imaginer que c'est la tentative de relecture complète de la métaphysique qui a conduit Malick à s'intéresser à l'auteur. Parmi les grandes obsessions d'Heidegger, se place au sommet son intuition que la philosophie avait oublié « l'être » dans sa réflexion, et notamment le premier de tous ces « êtres », à savoir Dieu. Les personnages de Malick ne font que ça : questionner l'être qu'ils sont, essayer de comprendre qui (ou « quoi ») les a façonnés. Le questionnement du « qui es-tu ? », ces demandes de réponses remplissent le champ sonore. Se pose alors une question de mise en scène : comment signifier cet état à l'écran ? La réponse se trouve dans l'habitude humaine de symboliser la divinité dans les statues, les reliques, les totems. À l'époque des luttes entre iconoclastes et iconodoules dans l'Église Romaine, la scission fut provoquée par un clivage sur l'incarnation des statues et des idoles. Pour les uns, rien ne devait détourner de la transcendance de l'esprit divin. Seule la trinité comptait, tout ce qui était de l'ordre de l'admiration des saints devenait blasphème. Du coup, il était impossible de vouer une adoration

---

77 Pierre Berthomieu, *op. cit.*, 2011, p. 657.

à de simples idoles. Le Saint Suaire, les tombeaux des saints, tout cela détournait l'attention des fidèles de Dieu, qui ne peut être incarné autrement qu'en Jésus lui-même. Malick a plutôt une sensibilité d'iconodoule, à l'image de ses personnages. Comment ne pas sentir cette incarnation divine omniprésente quand il filme les statues du parc Monceau de Paris, quand il met autant d'intensité à capter les rayons à travers les vitraux d'une église, ou quand il filme les totems amérindiens ?

Pourtant, le corps et l'âme sont comme dissociés. Les soldats présents pendant la guerre du Pacifique ont des physiques de guerriers, mais leur âme est celle de rêveurs, de penseurs nostalgiques, d'enfants confrontés à un réel qu'ils refusent d'accepter. La voix off de Holly lors de son périple de *La Balade sauvage* laisse aussi percevoir qu'il y a une césure nette entre un corps de jeune femme fugitive – et souillée – et l'âme d'une enfant qui songe à l'amour et à la découverte du monde comme si elle n'était pas accompagnée par un criminel. L'âme, qui s'exprime par la voix off, refuse le caractère exceptionnel de ce qui arrive aux héros. Tout le cheminement des personnages est de savoir s'il leur suffit de rester renfermés sur eux-mêmes pour se sentir vivre ou si l'ouverture vers l'autre, vers une communauté, un village, une patrie leur sert d'émancipation. Mais l'émancipation vis-à-vis de la société, et donc la culture, ne risque-t-elle pas de les figer, de les corseter comme Pocahontas – devenue Rebecca depuis son baptême – avec ses robes anglaises ?

Refaisons le chemin parcouru par l'Amérindienne, de l'instant où on la découvre se baignant, libre de ses mouvements, jusqu'à son dernier souffle dans un lit anglais. Durant sa brève vie, la princesse fait tout le cheminement de la découverte du monde et de l'altérité. Le film s'ouvre sur un appel : « Viens esprit [...], montre-moi ton visage, la grande rivière », murmure-t-elle alors qu'elle nage telle une naïade dans les eaux pures de son pays. Cette incantation à mère nature sert de fil directeur et de preuve de sa recherche d'une figure divine qui la guiderait. « Mère, où vis-tu ? Envoie-moi un signe. » répétera-t-elle souvent. Pocahontas est clairement animiste. Elle croit en la puissance divine de chaque chose de la nature. Elle croit que les arbres ont une âme, que les pierres et les rivières aussi. Dans le film des studios Disney (Mike Gabriel et Eric Goldberg, 1995), l'animisme de Pocahontas était symbolisé par un arbre anthropomorphe, qui était la mère nature incarnée. Cette imagerie merveilleuse aide à concevoir que chaque chose sur Terre puisse posséder une âme. Donner une âme aux choses, c'est leur offrir une forme d'autonomie.

Pocahontas découvre l'arrivée des colons par l'intermédiaire d'autres membres de sa tribu qu'elle observe depuis les fonds marins. Ceux-ci pointent du doigt quelque chose ; ce sont les navires européens. Pocahontas ne se confronte pas encore à l'altérité, en l'occurrence l'étranger accostant. Elle n'est, à cet instant, qu'un corps mouvant et faisant parti d'un tout (la tribu). Son premier contact direct avec les Européens a lieu au sein du groupe. Elle furète dans les herbes hautes et observe ces êtres étranges couverts d'armures. L'un des Powhatans renifle un des Européens. Les deux humains se jaugent, se scrutent, sans savoir quoi penser l'un de l'autre. Pocahontas n'en est pas encore à ce stade de confrontation. Elle joue. Ce n'est qu'en rencontrant le capitaine Smith que le trouble l'atteint. À partir de ce moment, elle va passer de ce que William Blake appelait les *Chants d'innocence* (1779) aux *Chants d'expérience* (1785).

LE SORCIER VENU DU CIEL

Cette découverte de soi se fait en interaction avec un autre être qui ne demande qu'à se (re)découvrir. Lors de sa captivité, Smith apprend à la princesse les mots de sa langue natale : le soleil, la mer, mais aussi les yeux, l'oreille, les lèvres. La découverte du langage se double d'une découverte du corps, d'un jeu presque érotique. En apprenant à s'exprimer dans la langue de l'autre (ici Smith) qui l'attire, Pocahontas fait un pas dans son monde.

Smith vit aussi une exploration de l'inconnu. Le capitaine tente d'impressionner les Powhatans en jetant de la poudre dans le feu. Immédiatement, ils le prennent pour un sorcier, un être dangereux. Ils lui demandent s'il vient du ciel. « Ces populations ne sont point idolâtres ; loin de là, ils croient que toute force, toute puissance, tous les biens se trouvent dans le ciel ; ils croient même que j'en suis descendu avec mes vaisseaux et mes matelots », écrivait Christophe Colomb à son retour de voyage. Une fois gracié par le chef, Smith vit un temps dans le camp des Amérindiens. Il les observe, accepte leurs coutumes. Ils se découvrent mutuellement, chacun regardant les tatouages de l'autre. Smith accepte leurs nourritures, leurs calumets, leurs jeux, qui ici encore ont une fonction d'émancipation au même titre que les occupations des enfants. Mais surtout, il les admire. « Les mots signifiants mensonge, tromperie, cupidité, envie, calomnie et pardon leur sont inconnus. Ils ne sont pas jaloux. Aucun sens de la possession. » Les Amérindiens connaissent déjà les situations de conflit, puisqu'ils se battent contre des clans adverses. Leur attachement à la forêt, aux arbres, à l'eau en font des figures idéalisées du retour à l'état de nature, fantasme des sociétés occidentales auquel adhère un temps le capitaine Smith. Il les regarde avec admiration, presque avec un amour fraternel. D'un coup, l'idéal social de Smith se conjugue avec ce « bon sauvage » si cher à Rousseau. La libération de Smith prend forme alors dans l'amour qui naît entre lui et la fille préférée du chef : « Je suis un homme libre maintenant », affirme-t-il, et un peu plus tard : « J'étais un homme mort, maintenant, je vis. Tu es ma lumière. Mon Amérique. » Cette pensée en rappelle une autre de *La Ligne rouge*, où l'émancipation était déjà liée à l'amour idéalisé : « J'étais un prisonnier. Tu m'as rendu la liberté ».

« TU AS TUÉ LE DIEU EN MOI »

Les deux amants sont unis. À tel point que le père de Pocahontas craint qu'elle ne trahisse son peuple pour rejoindre Smith. La jeune femme ne jure que par cet homme qu'elle idéalise tellement qu'elle le compare à un dieu. Et pour elle, un dieu veut dire un guide, à l'instar de mère nature. Son dieu lui permet de se découvrir. Il lui tend un petit miroir. Pour la première fois, elle voit son reflet[78] et sourit. Dès lors, elle se lie à lui : « Je te serai loyale. Vraie. » Dans *The Tree of Life*, Mme O'Brien déclame la même phrase, adressée à Dieu. Et comme son bonheur est total, Pocahontas se lie à son dieu : « Deux, plus maintenant. Un. Un. Je suis. Je suis. » Cette répétition est importante. la jeune femme *est*, exactement comme quand Descartes parlait de la découverte de soi dès le moment où l'on se reconnaît dans un miroir. Elle pense alors avoir trouvé son guide en Smith.

Seulement, une fois Smith retourné parmi les siens, les retrouvailles des deux amoureux ne feront que les éloigner petit à petit. Smith a déjà changé. Il est redevenu le capitaine, délaissant l'homme pur avec qui elle se perdait en forêt. Est-ce vraiment lui qu'elle aimait ? « Un fantôme », « un rêve », autant de termes et d'expressions venant d'elle montrent sa nostalgie. Alors la douleur, le doute, le mensonge viennent la gangrener. Elle appelle d'abord son amant par la voix off (« Où es-tu mon amour ? ») avant de s'interroger : « L'amour peut-il mentir ? » Quelque chose s'effrite et elle se rassure : « Si je peux être avec toi, ça me suffit ». Marina, dans *À la Merveille*, a presque les mêmes termes pour se rassurer sur son amour avec Neil : « Si tu m'aimes, je ne veux rien de plus. » Il y a une sorte d'énergie du désespoir, ou un pressentiment que cela ne peut que mal finir. L'amour devient une souffrance. Peu à peu, la mise en scène la

---

78 On peut estimer qu'elle a déjà vu son reflet dans l'eau depuis sa naissance. Pourtant Malick fait le choix de ne jamais montrer une telle image, comme pour appuyer l'idée d'une découverte progressive de son corps.

fige : elle est enfermée dans le cadre d'une porte, elle peine à marcher avec des talons anglais, elle arrête d'être cette jeune femme bondissante.

C'est que la société fait subir à l'Amérindienne toutes les humiliations. Elle est reniée par son propre père après sa trahison. Puis, Smith se fait passer pour mort. Alors, elle traverse une dépression profonde, endeuillée par cette fausse mort. Le rite de ses ancêtres prescrit de se recouvrir le visage de cendres. Elle l'accompagne de cette réplique à l'adresse de l'amant disparu : « Tu as tué le dieu en moi. » Elle s'enferme alors dans le mutisme, au point que la colonie la prend pour une folle. Elle ne connaît personne à part sa tutrice. Baptisée, elle adopte le nom de Rebecca, comme le fantôme du film d'Hitchcock. Et, effectivement, elle erre comme une âme perdue. Dans une scène de la version longue du film, l'ancienne princesse songe à manger un champignon non comestible et demande à la mort de venir la chercher. Son salut viendra du chant d'un oiseau. Intervention divine ? Non. Juste un lien fort avec la nature qui constitue son fil d'Ariane. Elle regarde en l'air. Un arbre. Le soleil. Puis, elle retrouve l'un des siens, un Amérindien que l'on dit simplet. Elle reprend goût à la vie. Par la suite, elle rencontre John Rolfe, en deuil lui aussi.

DEUX ARBRES QUI RÉAPPRENNENT À GRANDIR

Voilà donc Pocahontas baptisée. L'attribution du prénom Rebecca est significatif de son éloignement de l'état de nature et de son intégration à la société occidentale. Avant, jamais personne ne la nommait – c'est la légende de son personnage qui nous fait deviner son nom, alors que son deuxième nom est moins célèbre. Elle est nommée, donc identifiée comme un être à part entière. Elle découvre pêle-mêle les bonnes manières occidentales, le savon, la manière de nommer le temps (ce qu'est une heure ou une journée). Elle devient même pudique ; elle sort en robe anglaise et couvre ses jambes si jamais le tissu remonte trop, alors qu'avant, sa tenue très légère de Powhatan ne semblait pas la rendre mal à l'aise. Elle est aussi courtisée par un homme bon, quoiqu'en deuil lui aussi. John Rolfe a perdu sa femme et son enfant. Sa présence sur les terres vierges de l'Amérique sonne comme un nouveau départ.

Ensemble, ils réapprennent à vivre. Pourtant, nous sommes bien loin de l'amour dévorant, celui libéré des conventions, que Pocahontas vivait avec Smith. Lorsque Rolfe la demande en mariage, gênée, elle répond d'un triste « si tu veux ». Elle ne ressent rien. Perdue, elle refait appel à son guide de toujours et demande à mère nature pourquoi ce vide. Sa maternité, peu de temps après, lui apporte une réponse. Maintenant qu'elle a appris, elle va transmettre. Avec Rolfe, ils sont comme deux arbres qui repoussent côte à côte alors qu'ils avaient été laissés pour mort.

L'épisode anglais constitue la dernière étape de la recherche d'un guide pour Pocahontas. Quand elle arrive dans ce pays, elle fait encore appel à mère nature : « Mère, reste avec moi. » En quête de réponses sur les croyances occidentales, les Amérindiens envoient par la même occasion un émissaire

« rencontrer ce dieu dont tout le monde parle ». Ce périple n'est pas sans rappeler celui de Queequeg dans *Moby Dick*, prêt à tout pour apprendre et comprendre le monde chrétien. Ainsi, le Powathan ne trouve aucun dieu, mais il fait face à un vitrail anglais. L'animiste croise l'art chrétien. On ne sait pas si ces deux mondes se comprennent, mais ils sont au moins en contact. Pocahontas ne peut se contenter de ça. Il lui faut trouver son guide.

Elle admire l'Angleterre alors qu'elle y est regardée comme une attraction de foire. Guère perturbée, elle profite du séjour pour apaiser son esprit. Un jour, Pocahontas revoit Smith, le rejette et le laisse à ses regrets, ses souvenirs, ses chimères. D'un geste amical, elle le salue et rejoint Rolfe et son fils Thomas. Elle n'a plus besoin d'un dieu, elle a trouvé mieux : un équilibre familial. « Je sais où tu vis », dit-elle à mère nature en signe de victoire.

L'ÂME MULTIPLE

Le geste inaugural de Malick dans *Le Nouveau Monde* consistait à décrire une communauté de vie créée à partir des fragments d'un passé qu'on enfouit – même si la reine britannique rappelait son pouvoir par instants. La même démarche traverse *À la Merveille*, sauf que cette fois-ci, la communauté est plus restreinte. Dans la ville où se déroule l'action principale – Bartlesville, présentée comme un lieu cosmopolite –, c'est une famille nucléaire recomposée qui se construit. Il y a celle de Marina et Neil, complétée par Tatiana, la petite fille, qui se sent comme une pièce rapportée. Mais la famille, c'est aussi le voisinage, les gens rencontrés à l'église, les camarades de classe. Pourtant, le dialogue n'existe presque pas. Malick fait d'*À la Merveille* un film quasi-muet. Une voisine parle avec Marina, celle-ci ne répond pas. La banlieue est impersonnelle, elle offre peu d'échanges avec les gens. Tout y est gris. Il n'y a aucune scène de communion, autour d'un baptême, d'un barbecue ou d'une quelconque réunion amicale. Tout ce qui faisait le lien dans *The Tree of Life* s'avère ici décrépit, comme si quelque chose ne prenait pas. Marina veut n'être qu'une mais, comme Pocahontas, elle se sent double. «J'ai deux esprits» murmurait l'Amérindienne. «Mon Dieu, quelle guerre cruelle. J'ai deux femmes en moi. L'une pleine d'amour pour toi. L'autre me tire vers la terre, penchée», se lamente l'Ukrainienne. À qui se destine cette pensée? À Neil, à l'écran à ce moment précis, ou bien à Dieu – ces phrases faisant suites à l'eucharistie qu'elle reçoit de Quintana?

Dans tous les cas, la question reste la même: comment aimer une seule et même personne quand on n'arrive pas à savoir qui l'on est? Marina virevolte, danse, sautille. Elle incarne tout un fantasme pour le mâle hétérosexuel, à la fois épouse et mère, enfantine et responsable. À l'opposé, Neil n'est qu'un monolithe, une masse qui gravit avec peine les marches de la Merveille normande du Mont Saint-Michel. Lorsqu'ils marchent tous deux sur le sable de la plage normande, Marina a le pas léger, quand les grosses bottes de Neil peinent à évoluer sur le sol meuble. Ce qui engonce l'Américain, c'est son immobilisme. Il n'ose pas s'engager, il ne sait pas dire les mots qui réconfortent. Et quand il retombe sur son amour d'antan, il abandonne Marina, celle avec qui il vivait, pour offrir une promesse impossible à la dénommée Jane. L'image du couple soudé, à peine formée sur la rétine du spectateur, se délite déjà. Très vite, Neil abandonne Jane. « Ce qu'on avait n'était rien. Tu l'as réduit à néant » lui reproche-t-elle, consciente de la trahison. Puis l'amante blonde disparaît de l'écran, seule dans sa maison. Sa fille est morte, seule une poupée d'enfant trahit son passage éphémère sur Terre. Dans un geste cruel, Malick occulte complètement cette femme pour mieux imprimer le sillon qu'elle a creusé.

LE GUIDE SAINT-MICHEL

Aimer en étant un corps multiple, voilà qui rappelle la Sainte-Trinité. Dans le catholicisme, Dieu est consubstantiel, c'est-à-dire qu'il s'incarne réellement en plusieurs entités. Dans l'Ancien Testament, il révèle son unicité, mais dans le Nouveau Testament, sa présence se retrouve aussi dans le Fils et dans le Saint-Esprit. Autrement dit, le fils est Dieu. Le Saint-Esprit aussi. La Bible ne définit jamais cette Trinité, mais elle relate une essence multiple de l'esprit et du corps divin. Le dogme chrétien aura mis longtemps à théoriser ce triple caractère divin, et bien des hérésies en découlèrent[79].

79 Pas moins de cinq conciles auront été nécessaires pour définir le dogme et en exclure les croyances désormais considérées comme hérétiques (arianisme, école d'Antioche…) : Nicée en 325, Constantinople I en 381, Éphèse en 431, Chalsédoine en 451, Constantinople II en 553.

Malick rapproche les corps mortels de leur caractère céleste. Un humain peut ainsi se sentir multiple, comme si plusieurs âmes cohabitaient.

L'imagerie médiévale d'*À la Merveille* n'a rien d'anodine. Lors d'une visite du musée Cluny à Paris, l'ombre de Marina se retrouve projetée sur la *Dame à la licorne*, grande tapisserie composée de six parties. Les cinq premières sont chacune consacrées à un sens : le goût, l'ouïe, la vue, l'odorat et le toucher. La sixième transcende ces sens. Elle s'appelle « À mon seul désir ». Serait-ce là le sens propre à l'amour ? L'accomplissement émotionnel de Marinaa lieu au Mont Saint-Michel, la Merveille qu'annonce le titre, le trésor architectural de l'Occident. Son symbole est double. Il incarne à la fois un vestige de la guerre de Cent Ans et un lieu symbolique où le mal fut terrassé. Dans la Bible, Saint-Michel est l'archange qui, à l'aide de son épée, a terrassé le dragon, représentation du diable[80]. Prince des anges et chef de l'armée céleste, il symbolise la victoire de la foi chrétienne sur le mal. « Saint-Michel, dont la statue perchée sur la flèche domine le sable, l'eau et les vastes solitudes qui l'environnent, connaît la puissance du "prince des ténèbres". Il est l'archange que Milton investit d'une double mission : chasser le couple maudit, préparer l'homme déchu à sa nouvelle vie[81] ». Dans le poème de John Milton *Le Paradis perdu* (1667), Adam et Ève, une fois dupés par le diable et ayant croqué le fruit interdit, sont chassés

---

80 « Ainsi fut culbuté le Grand Dragon, le Serpent Primitif, appelé Diable et Satan » (Apocalypse, 20, 2).

81 Stanislas Bouvier, « Mont et Merveille », *Positif* n°625, mars 2013, p. 16.

du paradis. Afin de les guider dans leur nouvelle vie, Dieu demande à l'archange Michel de les accompagner. Ainsi, dans *À la Merveille*, la présence de l'archange au sommet de la flèche normande du mont sert de guide au couple Neil/Marina. La visite du lieu, vidé de ses touristes, se fait avec, en musique de fond, le prélude du *Parsifal* de Wagner. C'est aussi le prélude à une histoire où la chute se fait petit à petit. Le mont, c'est ce lieu où l'on peut toucher le ciel, où la transcendance peut s'accomplir. Or, comme le dit Marina, l'humain est constamment ramené vers le sol. Plus les protagonistes cherchent à relier terrestre et céleste, plus une résistance invisible fait obstacle à cet accomplissement. Du coup, l'amour se flétrit, meurt à petit feu. Le noyau familial se disloque, Marina et Neil se repoussent de plus en plus, comme si l'un des deux aimants avait changé de polarité. Le bouillonnement intérieur de *The Tree of Life* amenait les personnages à ressouder leurs liens ; par exemple, Jack se dispute au téléphone avec son père mais finit par le retrouver sur la plage. *À la Merveille* est *a priori* plus pessimiste : l'histoire que raconte Malick n'aboutit pas à une recomposition des liens. Chacun finit de son côté. Jane poursuit son existence, Neil et Marina, respectivement aux États-Unis et en France, refondent chacun une nouvelle famille.

« QUEL EST CET AMOUR QUI NOUS AIME ? »

Le père Quintana observe le tiraillement de l'humain et du divin. Il doute de sa propre foi. Mais avoir la foi, c'est justement perpétuellement douter, puisque c'est croire sans preuve. Et au cœur de ce doute, une question le taraude. Une question formulée par Marina : « Quel est cet amour qui nous aime ? », et elle ajoute « qui vient de nulle part, de tout autour. Le ciel, toi, nuage. » Existe-t-il quelque chose au-dessus de nous, et si oui peut-on (doit-on) l'aimer ? Quintana le cherche, erre dans l'église où il officie, regarde les êtres s'étreindre lors d'un mariage, écoute les confessions de ses paroissiens. Mais il se cherche. « Père, je prierai pour vous. Pour que vous receviez la joie, lui dit une vieille dame. Car vous êtes si malheureux ». Se peut-il que l'amour divin soit comme l'amour terrestre ? Mais alors, la pulsion sexuelle qui s'enracine dans le corps d'un homme ou d'une femme se compense-t-elle par autre chose dans le cadre de la relation avec Dieu ? « L'amour n'est pas un sentiment. L'amour est un devoir », dit l'ecclésiastique à Marina, qui doute elle aussi de l'amour qu'elle porte à Neil. Entendons par là que c'est un travail quotidien que de croire en son amour. Que ça n'est pas juste une pulsion guidée par le bas-ventre, mais un abandon envers l'autre. L'amour reste-t-il pur ou se transforme-t-il en une sorte de contrat social ? C'est un peu ce que laisse penser le mariage, ainsi que la phrase de Quintana : « Peut-être qu'il [votre amour] attend de se transformer en quelque chose de plus grand. » L'amour, au bout de quelques années, change. Il n'est plus ce sentiment naïf des premiers temps. Il fluctue, se fane, se disloque, se recompose. Entre êtres humains ou avec Dieu, l'amour ne peut tenir que grâce à un contrat, le baptême ou le mariage, l'acceptation que tout n'est pas parfait tous les jours. C'est en tout cas la réponse que trouve le prêtre, apaisé après avoir ressenti la divinité en chaque être.

La perméabilité de l'essence divine, incarnée par le corps du Christ, amène une autre question encore plus importante : quelle est la part d'amour divin dans l'amour terrestre et inversement ? La réponse que trouve Quintana est finalement évidente : il y a dans chaque homme l'amour de Dieu. En aimant son prochain, tel qu'énoncé dans les dix commandements, on aime une part de Dieu. « Christ accompagne moi. Christ devant moi. Christ derrière moi. Christ en moi. Christ au dessous de moi. Christ au dessus de moi. Christ à ma droite, Christ à ma gauche. Christ dans le cœur. » Sur ces mots, l'âme du personnage retrouve la sérénité. Alors que le couple homme/femme s'est défait, le père retrouve le chemin de la foi.

FIGURES CHRÉTIENNES

« Le Seigneur Dieu planta un jardin en Éden, à l'Orient,
et y plaça l'homme qu'il avait formé.
Le Seigneur Dieu fit germer du sol tout arbre d'aspect attrayant
et bon à manger, l'arbre de vie au milieu du jardin
et l'arbre de la connaissance du bonheur et du malheur. »

Genèse, 2 : 8-9

PRÊCHER POUR SA PAROISSE

Entre *Le Nouveau Monde*, qui travaillait avec des figures et
des mythes plutôt issus de l'Ancien Testament, et *The Tree of
Life*, plus proche des Évangiles et du Nouveau Testament, un
glissement s'est opéré. « Au commencement était la Parole, et
la Parole était avec Dieu, et la Parole était Dieu[82] » dit le pro-
logue de l'évangile selon Jean. Cette idée de mettre en scène le
« commencement » et d'aller au plus près de la parole sont des
obsessions évidentes de *The Tree of Life* et d'*À la Merveille*, films
pensés comme deux faces d'une même œuvre. Ils sont emplis
de thématiques telles que l'amour de son prochain, le pardon,
l'acceptation et le deuil.

---

82 On trouve aussi les tournures suivantes : « Au commencement était le Verbe
et le Verbe était auprès de Dieu et le Verbe était Dieu » ou « au commencement
était la Parole, et la Parole était avec Dieu, et la Parole était Dieu ».

Un certain nombre de critiques ont reproché à *The Tree of Life* d'être un film de dévot. Si son caractère chrétien est indéniable, il y a un profond contresens d'interprétation. Tout d'abord, le portrait d'une société patriarcale, encadrée par une Église protestante puissante, n'a rien d'idéalisé, même dans les souvenirs. Jack se construit en tant qu'adulte avant tout grâce au méfait : le vol de la lingerie, la maltraitance d'un chien, la violence envers un frère. Et, ce faisant, il se rend compte qu'il chemine vers la « voie de la nature », c'est-à-dire celle d'un père étouffant, parfois violent avec ses enfants et dans son couple. Pourtant, le récit se situe dans les souvenirs de Jack. Adulte, il se reproche la disparition de son frère et en veut à son père absent. Alors oui, le film se tourne du côté de la spiritualité. Mais rien ne nous oblige à aller prier en sortant de la salle. Tout comme rien n'oblige à croire en l'existence d'esprits dans les arbres comme on le voit chez les Amérindiens. On peut estimer que Malick garde le même regard distancié sur la croyance que sur la violence. S'il fait le choix de mettre en scène des personnages chrétiens, c'est moins par prosélytisme que parce que l'histoire le réclame. Quelle que soit leur croyance, un même rêve est formulé : aimez-vous les uns des autres. Pourtant, jamais les prêches ne doivent être reçus frontalement. Le père Quintana fait bien des sermons dans son église, mais la mise en scène trahit son propre trouble. Il cite la Bible, il guide les fidèles. « Je réveille l'amour, la présence divine, qui sommeille en chaque homme, en chaque femme », dit-il alors que lui-même doute de sa mission. Et comme pour déstabiliser aussi le spectateur, il ajoute que « l'amour ne change jamais», comme s'il était éternel. Pourtant, au même moment, à l'image, Marina découvre que Neil ne porte pas son alliance. La voix est une nouvelle fois contredite par l'image. Elle insiste sur la fragilité de la foi de ces personnages, comme quand Pocahontas demande où est «mère nature».

Jean-Christophe Ferrari réfute l'accusation selon laquelle *The Tree of Life* serait un film prosélyte: «L'œuvre de Malick n'a aucune dimension démiurgique ou cosmologique. Elle ne prétend pas filmer l'origine, mais le mouvement de la conscience faisant, afin de se comprendre, mouvement vers l'origine (sentimentale, familiale, cosmique). Nous avons affaire à un cinéma de la représentation; un cinéma de la conscience tâtonnante, suppliante, bégayante, plaintive. Nullement à un cinéma de l'affirmation ou, comme on l'a parfois rabâché, de l'ode new-age et écologique[83]», avant d'ajouter, à propos de la scène de la plage, «le sentiment de perte demandait la grâce d'une vision apaisante. Celle-ci est donnée en une brève, déchirante épiphanie, c'est tout[84].» «C'est tout»: voilà qui illustre bien le paradoxe d'une telle séquence. Sous ses allures massives, elle ne raconte en fait qu'une histoire intime, celle du songe apaisant d'un grand garçon qui se rêvait encore petit. La récurrence du souvenir et du rêve qui ne dit pas son nom se trouvait déjà chez

83 Jean-Christophe Ferrari, «*To The Wonder*, une écriture de la mélancolie», *Positif* n° 625, Mars 2013, p. 19.

84 Je ne partage pas son opinion sur le rejet complet de l'ambition cosmologique, comme si elle était un gros mot. Je ne pense pas non plus que cette tentative totalisante doive être vue comme de l'*hybris*. Nul doute que, comme Kubrick, il assume l'ambition totalisante de ses récits.

Holly. Ses alter ego Dorothy (du *Magicien d'Oz*) et Alice (d'*Alice au pays des merveilles*) ne sont que des enfants qui s'étaient assoupies. Elles pensent vivre dans un conte, jusqu'à ce que la réalité les rattrape. Les personnages malickiens expriment souvent leur trouble face à un monde réel qui pourrait ne pas l'être. « C'était un rêve. Je me suis réveillé » confesse Smith à Pocahontas, « j'ai vu un autre monde, parfois je pense que c'est juste mon imagination », regrette Witt lors de sa confrontation avec le sergent Welsh.

RETROUVER LE PARADIS

Cet autre monde, nouveau, ancien, rêvé ou réel, c'est un paradis perdu. Les personnages courent après ce paradis, celui des origines, celui d'Adam et Ève avant que Dieu ne les chasse pour avoir goûté à la pomme interdite. Marina trompe Neil lors d'une escapade amoureuse dans un hôtel miteux. La voilà qui « croque le fruit ». Elle a tutoyé le ciel en allant au Mont Saint-Michel. Sa redescente sur Terre s'effectue dès son arrivée en Amérique, où sa vertu est mise à mal. Par définition, « vertu » signifie « lutter contre ses pulsions mauvaises », et qui dit tromperie dit mensonge. Tous les films de Malick sont traversés par ces figures.

L'accès au paradis a quelque chose d'illusoire et il est ressenti comme tel par le spectateur. Il est une illusion de fusion avec l'autre. « Moi et mon frère » : cette accroche du début des *Moissons du ciel* donne une vision de fraternité alors que, dans les actes, Bill vient de tuer le contremaître. Le titre, *Les Moissons du ciel* en français (comme son équivalent en version originale *Days of Heaven*), a quelque chose de l'ordre du cadeau divin. Une ironie mordante s'y cache à peine. Un tel cadeau n'est-il pas empoisonné ? Le don du ciel ne précède-t-il pas une punition ? L'accès à cette ferme représente une chance sans nom pour Bill, Abby et Linda. Ils mangent à leur faim et deviennent sédentaires. Leur venue coïncide pour le fermier avec une année fructueuse : il résiste à la maladie, tombe amoureux et pense vivre un rêve. Mais tout est rongé par le mensonge et la tromperie. Le trio amoureux est voué à l'échec. S'abat alors sur la ferme ce qui apparaît comme une punition divine : les sauterelles détruisent les récoltes, rappelant les dix plaies d'Égypte. Puis les ténèbres s'abattent, tel le neuvième des châtiments égyptiens (« Le monde fut couvert », « Il y eut d'épaisses ténèbres sur tout le pays[85] »). Autour des deux amants en lutte, une autre punition dévore la terre : les flammes infernales. Ce qui était un monde merveilleux, un petit paradis (« heaven ») devient un enfer. Bill finira sa fuite criminelle le nez dans l'eau, abattu dans le dos par les autorités. Les eaux du fleuve souillées par le sang, voilà qui rappelle une autre plaie (« Toutes les eaux qui sont dans le Fleuve se changèrent en sang. Les poissons du Fleuve crevèrent et le Fleuve s'empuantit[86] »). Les maladies, les furoncles furent aussi un des châtiments, et les colons du *Nouveau Monde*

143

---

85 *Ancien testament*, « Exode », 10 : 22.
86 *Ancien testament*, « Exode », 3 : 20-21.

souffrirent de ces maladies. Loin de tout, ces colons se réfugient dans la foi. Smith se préoccupe de la construction d'une église, afin de prier et peut-être d'apaiser les esprits au sein de Jamestown.

À chaque fois, la plénitude amoureuse est contrecarrée par la tromperie et le mensonge. Dans le nouveau testament, Saint-Jean le rappelle : « Vous avez pour père le diable, et vous voulez accomplir les désirs de votre père. Il a été meurtrier dès le commencement, [...]. Lorsqu'il profère le mensonge, il parle de son propre fond ; car il est menteur et le père du mensonge[87]. » À chaque mensonge, les personnages s'éloignent de la plénitude et se rapprochent des ténèbres. Et à chaque fois, une punition fait référence aux mythes bibliques. Pour Pocahontas, c'est l'exclusion de son jardin d'Éden : elle a trahi ses proches, elle vivra loin d'eux, dans le monde cruel des Européens qui la formatent à leur image. Elle souffre du mensonge de Smith et prend le deuil. Pour Marina, la punition précède la faute. C'est dans l'expérience de l'amour qu'elle est mise à l'épreuve. L'Éden n'est jamais atteint, mais la puissance du sentiment amoureux lui suffit bien : « Si tu m'aimes, je ne veux rien de plus. » Quant aux soldats de *La Ligne rouge*, ils sont envoyés au cœur du cataclysme des combats. La guerre ruine tout, détruit tout. Et parce que Witt était un déserteur, il quitte son coin de paradis pour rejoindre l'enfer.

L'influence plus ou moins consciente de ces mythes bibliques influe aussi sur des personnages issus de milieux où la culture

---

87 *Nouveau testament*, « Évangile selon Saint-Jean », chapitre 8.

religieuse est moins prégnante : « Il m'a dit que si le diable m'attaquait, il fallait que je puisse le descendre » raconte Holly à propos de Kit qui l'entraîne à utiliser une arme. Kit n'a aucune notion religieuse. Il parle du diable pour évoquer quelqu'un de malveillant. Plus pragmatiquement, il la met en garde contre les gens qui les chassent.

On pourrait s'amuser à coller à chaque personnage une dimension biblique. Par exemple, il est possible de parler du chemin de croix de Witt, de la repentance de Pocahontas vis-à-vis de son peuple qu'elle a trahi, du courroux divin sur Bill. Mais de telles analogies n'auraient rien de très originales, tant les grandes œuvres américaines en regorgent. Au-delà des films directement inspirés par la Bible (*Esther et le roi*, *La Passion du Christ*, *Les Dix Commandements*, *Noé*) le plus bel exemple demeure *La Nuit du chasseur* (Charles Laughton, 1955). Les références aux textes bibliques y sont omniprésentes : Mitchum évoque Caïn et la couronne d'épine, la mère de famille qui protège les enfants leur raconte la vie de Moïse, et le lynchage public se fait au nom de Dieu, le criminel se devant d'être sacrifié. La culture biblique et ses mythes font partie intégrante d'une histoire américaine largement imprégnée de protestantisme.

Cette peur de perdre le bonheur est puisée dans les figures de chaos issues de la Bible (le déluge, les plaies d'Égypte, le martyr…). Ainsi, à chaque fois qu'une communion heureuse à lieu dans les films de Malick, c'est comme si elle était déjà évanouie. Bell se retrouve confronté à la fin de son amour parfait, Kit perd Holly sans s'en rendre compte, Jack rêve de renouer avec sa famille. Pourtant, la beauté du cinéma, c'est de pouvoir recréer un paradis. Pour *Les Moissons du ciel*, Malick va au Canada, dans l'Alberta, afin de faire revivre à l'écran les champs étasuniens qu'il a aimés. En ressuscitant les tribus Amérindiennes le temps d'un tournage, en bâtissant un quartier texan comme celui des années 1950, le cinéaste recrée concrètement un espace rêvé. Le quartier entier de *The Tree of Life* était loué à l'équipe du film. La période du tournage a pu se vivre comme un voyage dans le temps. En profitant des capacités de reconstitution du cinéma, en faisant revivre aujourd'hui ce qui ne devrait plus être qu'un songe, on renoue avec l'immortalité du souvenir.

TROUVER SA VOIE

Que faut-il comprendre au sujet des voies de la nature et de la grâce dans *The Tree of Life*? Mme O'Brien évoque cette distinction au début du film comme étant un enseignement des sœurs. La grâce s'incarne dans cette femme bonne, aimante, douce. La voie de la nature, celle qui pousse à faire la guerre et qui s'exprime dans la violence est représentée par M. O'Brien. Et la mère insiste sur le choix ; peut-être que le plus grand message de Jésus se trouve là, dans le choix. Quintana le dit : « Jésus insiste sur le choix. La seule chose qu'il condamne tout à fait, c'est d'éviter le choix. Choisir, c'est [...] courir le risque de courir à sa perte, le risque du péché, le risque de la trahison. » Pas besoin d'être catholique pour être réceptif à ce discours sur la volonté.

On retrouve peu ou prou la distinction que faisait Saint Thomas d'Aquin, avec les nuances que cela suppose. En simplifiant, plus on s'approche de la grâce de Dieu, meilleur on est, car Dieu est indiscutablement bon, alors que si l'on se rabaisse à la nature, donc à ses pulsions terrestres (les péchés capitaux par exemple), on suit le mauvais chemin. Or, Thomas D'Aquin rappelle la nature cruelle de Dieu, qui demande des sacrifices, qui envoie le déluge, qui tue des hommes, qui punit. Mais Dieu admet le libre arbitre. Il fixe un horizon et l'homme, créature raisonnable, choisit le meilleur chemin pour accéder à Dieu. C'est de ce libre arbitre-là que parle Thomas d'Aquin, et toute la quête morale de Jack consiste à trouver son propre chemin. Il erre dans un désert et perpétue l'image mentale des gens qu'il aime lorsqu'il arrive sur la plage. Il y retrouve son père, sa mère, ses frères, ses voisins. La série d'étreintes symbolise tout autant une famille qui se retrouve après s'être perdue de vue qu'un apaisement pour avoir réussi à se bâtir un espace paradisiaque. Pour accomplir ce chemin, il suffit de se laisser guider par la pensée, par cette voix intérieure que les calvinistes voient comme un don. Platon disait de la pensée qu'elle est un dialogue que la conscience entretient avec elle-même. Elle permet l'émancipation. Et précisément, Jack s'émancipe de la dichotomie familiale nature/grâce au travers d'elle.

La jeune Linda incarne, de par son éducation, la preuve qu'il est possible de sortir d'un schéma trop manichéen. Elle est élevée par un frère et une belle-sœur criminels et manipulateurs. Pourtant, à travers le discours moral qu'ils lui tiennent et la manière qu'ils ont de la laisser s'épanouir autour de la ferme, on découvre que ces deux figures parentales sont bien plus que des incarnations de la nature. La bonté et la grâce s'expriment aussi en eux. Et Linda s'avère alors ambivalente. À la fois, elle accepte le jeu de dupe (le mariage, mentir au fermier), semble se moquer de la gravité des faits, mais elle se prend aussi de compassion pour le fermier. On peut même penser qu'elle y est très attachée. La voix off, qui exprime sa pensée protéiforme, laisse entrevoir la multiplicité de son intériorité. Tout à la fois innocente et consciente de ce qui se trame, avec des réactions d'enfant ou d'adulte selon les moments, elle prend finalement une voie incertaine : elle quitte le pensionnat, part à l'aventure et émet le souhait d'une vie normale. À elle de tracer son propre chemin, seule ou affublée de nouveaux compagnons de route.

L'INSONDABLE INCIPIT

«Où étais-tu quand je fondai la terre? Qui posa sa pierre angulaire, parmi le concert joyeux des étoiles du matin et des acclamations unanimes des fils de Dieu ?[88] ». Cette citation ouvre *The Tree of Life*. Job est un homme vertueux et pieux qui craint Dieu et déteste l'injustice. Mais Satan propose à Dieu de mettre à l'épreuve l'homme le plus intègre qui existe, à savoir Job. Ce dernier perd tout : ses enfants, son bétail, il est touché par la maladie. S'il ne remet pas en cause sa foi, Job se questionne sur un tel malheur. Commence alors la réponse de

88 *Ancien testament*, « Livre de Job », 38, 4-7.

Yahvé, dont la citation prise dans le film fait partie des premières phrases. Finalement, Job est conforté dans sa vertu, mais n'a pas d'explications sur la raison de son malheur.

Il en va de même pour une Mme O'Brien et son fils Jack, qui s'interrogent sur le malheur qui les frappe. À ce titre, toute la séquence sur la création du monde a pu être interprétée comme la mise en scène de la réponse de Dieu à Job, lui montrant tout ce qu'il avait bâti depuis le big-bang. Dieu n'explique pas la cause du malheur, il admet l'affliction, même pour le plus pur des êtres, et demande à Job de l'accepter ainsi. Mais ce malheur ne remet pas en cause son existence. L'apostrophe initiale, « où étais-tu quand je fondai la Terre ? », n'est pas vécue comme une humiliation par Job. Au contraire, cette phrase le soulage, car elle prouve l'action divine dans la création. Job serait donc plus soulagé d'avoir la preuve de l'existence du tout-puissant que d'être éclairé sur son malheur. Le livre de Job est souvent considéré comme un appel à la foi indéfectible. Mais cet épisode est aussi bien souvent raillé. Dans le film, il s'oppose à une autre parole « d'évangile » : « Selon les sœurs, la voie de la grâce ne peut conduire au malheur », assure Mme O'Brien alors que, quelques scènes plus tard, on vient lui annoncer par lettre la mort de son enfant à la guerre. Le problème est simple : comment se peut-il qu'une femme vertueuse, ayant une famille si soudée, puisse être à ce point perturbée par le malheur ? Il s'agit simplement de se questionner sur le deuil, sur ce qu'il provoque en soi, et de savoir où il finit.

Si Mme O'Brien apostrophe Dieu, Jack va surtout chercher des réponses auprès de son père. *The Tree of Life* est aussi une sorte de dialogue entre un fils et son père. Pourtant, ce dernier ne s'exprime presque que dans les souvenirs de Jack. De fait, c'est le monologue intérieur de Jack qui prend des apparats de dialogue. En fouillant dans sa mémoire, Jack reconstitue l'action du père. M. O'Brien s'excuse auprès de son fils de l'avoir si mal élevé. Il a corrompu la blancheur de l'enfance, lui a inculqué le mal, lui a fait prendre conscience des douleurs du monde. Peut-être qu'il ne s'excuse que par intérêt, sous le coup des accusations du fils. En réalité, ce père est rude mais aimant, colérique mais protecteur, il protège le foyer et tente de sauver l'enfant qui se noie. Du coup, si pour Jack, la figure du père n'est pas idéalisée, il a réglé ses comptes avec lui. Il peut enfin renouer des liens paisibles.

L'ARBRE DE VIE

Dans le film *The Fountain* (Darren Aronofsky, 2006), le héros tente de sauver sa femme de la maladie. Il fantasme l'immortalité des corps au travers de ses recherches scientifiques. Mais ce que lui apprend cette expérience largement teintée d'ésotérisme, c'est qu'il ne sert à rien de chercher l'immortalité si l'on ne profite pas du temps présent. Sa femme écrit un livre sur cette tentative folle de son mari pour la sauver, mais elle la sublime en en faisant une quête surnaturelle, où un conquistador irait puiser l'immortalité dans l'arbre de vie, caché sur Terre. La quête qui échoit au héros a en réalité pour but de renouer avec l'arbre de connaissance, de bien faire la distinction entre le bien et le mal.

L'évocation de l'arbre de vie est encore plus métaphorique chez Malick. Dans un premier temps, cet arbre de vie est représenté par l'arbre planté dans le jardin de la famille, dont le déménagement en fin de film illustre encore une fois l'homme chassé du jardin d'Éden ; sauf que là, ce n'est pas Dieu, mais les réalités économiques qui poussent à l'abandon de l'Éden. L'arbre, par la chlorophylle, se nourrit de la lumière du soleil. On le voit plus que jamais dans *The Tree of Life*, le choc lumineux est un facteur de croissance. Les enfants grandissent sous nos yeux, baignés de la lumière solaire. C'est comme si chaque scène prise à contre-jour leur permettait de grandir, de bourgeonner, de mûrir. Les plans sur les champs de tournesols accompagnent la voix de Mme O'Brien alors enfant. Déjà, les dernières lueurs de la journée qui illuminaient Kit résonnaient comme l'écho du besoin vital pour l'humain de se nourrir de son astre dominant. La chaleur de ses rayons appelle la chaleur divine. Le vieil homme noir qui fait le ménage dans la chapelle du père Quintana le revendique. Sa croyance se nourrit des rayons de la lumière, car il pense ressentir la puissance divine. « Je peux sentir la chaleur de la lumière, mon frère. C'est spirituel. [...] Je peux presque toucher cette lumière venant droit du ciel. » Les vitraux ne sont d'ailleurs jamais aussi bien mis en valeur que lorsque les rayons de lumière les traversent.

Mais *The Tree of Life* est marqué par une éclipse lorsqu'une planète vient cacher l'étoile solaire, comme si Dieu se cachait des hommes. Malick s'appuie sur les trous béants laissés par la foi pour s'interroger sur son bien fondé. Il remet en cause la croyance, parfois avec une forme d'ironie. «Cet arbre grandira plus vite que toi», susurre la mère à son enfant. Or, au moment précis où l'on découvre Jack, il ne grandit plus auprès de son arbre et le bonheur ne fait plus partie de sa vie. L'absence de lumière divine, l'absence d'un arbre qui aide à grandir lui pèse. Un an avant la sortie de ce film, un autre long-métrage au titre proche, *L'Arbre* (Julie Bertuccelli, 2010), se penchait sur la dimension protectrice d'un végétal. Un père de famille décède d'une crise cardiaque et vient percuter avec sa voiture l'arbre du jardin. Dès lors, les enfants en deuil se reconstruisent en pensant que l'âme de leur père s'y est réincarnée. Ils font alors une cabane, dorment là-haut, lui parlent, comme Pocahontas. L'animisme devient intime. Ce ne sont plus les ancêtres en général qui perdurent dans les choses de la nature, mais le géniteur, le guide de l'enfance, qui peut encore s'exprimer par ce biais. Holly et Kit trouvent aussi refuge un temps dans une cabane surélevée. Se protéger dans les arbres, s'y épanouir, cette idée revient régulièrement dans le cinéma, de *Mon voisin Totoro* (Hayao Miyazaki, 1988) à *Avatar* (James Cameron, 2009). En 2014, Isao Takahata va même jusqu'à faire naître une princesse dans une tige de bambou au début des *Conte de la Princesse Kaguya*[89].

Dans *The Tree of Life*, l'arbre de vie est le symbole d'une quête du sens de la vie. Au commencement, il y avait deux arbres dans le jardin d'Éden : l'arbre de vie et l'arbre de connaissance. C'est en croquant une pomme de ce dernier qu'Adam et Ève sont chassés.

---

89 Ce film est lui-même issu d'un conte populaire datant du xe siècle, parfois appelé «Le conte du coupeur de bambou».

L'enjeu pour Dieu, c'est qu'ils ne goûtent pas à l'arbre de vie, donc qu'ils ne découvrent pas le sens de la vie. La quête spirituelle du film de Malick, à savoir de découvrir le sens de la vie, est d'emblée vouée à l'échec. Si l'esprit divin apporte des réponses sur les origines de la vie ou sur les raisons du bonheur, difficile de vraiment y voir une résolution du mystère. La symbolique de l'arbre de vie dépasse le christianisme. Dans le judaïsme, celui décrit dans la kabbale est au fondement de la mystique kabbale, à savoir la base de la philosophie juive et cosmologique. Chez les Mayas, un arbre, le ceiba, reliait le monde terrestre au monde des esprits.

L'arbre familial de *The Tree of Life* agit comme une figure centrale reliant lui aussi le monde terrestre au monde céleste. Malick se permet même des mouvements de grue le long du tronc et des branches, alors qu'il préfère en général coller au sol ou tourner autour des personnages, les filmer de dos. L'arbre fait graviter la mécanique scénaristique et la mise en scène autour de lui. Le film porte son nom alors que les scènes explorent des centaines d'autres environnements. On occulte sa présence sans jamais l'oublier.

LES CORPS SACRALISÉS

« Si quelque chose est sacré, le corps humain est sacré »
Walt Whitman dans Leaves of Grass

UN ANGE AUX AILES INVISIBLES

«Ma mère a été élevée dans une ferme, j'ai donc un lien naturel avec les moissons du ciel[90].» Ce rapprochement trahit bien le lien fort que Malick entretien avec la figure maternelle. En associant l'enfance de sa mère, grâce à l'expression «lien naturel», avec le monde des moissons, c'est comme s'il s'était transmis par le sang un quelconque amour pour la nature. Si l'enfance de Mme Malick a pu influer sur l'esprit du jeune Terrence, c'est au travers de son éducation, donc d'un point de vue culturel. Or, on oppose bien ce qui est de l'ordre du naturel, de l'inné, avec le culturel construit par l'éducation et les influences multiples de ce monde (famille, école, religion…). Cette confusion, commune dans le langage courant, ramène surtout à la sacralité de la femme. Lier le mot «naturel» (donc «nature») et «mère», c'est donner à celle-ci une dimension sacrée, voire transcendantale. C'est la «mère nature» des Amérindiens. Elle s'incarne en tout, son aura dépasse l'enveloppe charnelle. Elle nous accompagne, nous écoute, elle nous influence même quand elle n'est plus là physiquement.

90 Yvonne Baby, *op. cit.*

La légèreté, le caractère divin de femme idéalisée se sent à l'écran. Mme O'Brien, dans *The Tree of Life,* va jusqu'à léviter lors d'un plan tout à fait inattendu. Elle flotte et danse dans les airs. Elle défie ainsi l'ordre des choses, sa grâce l'élevant en dépit des lois de la pesanteur. Elle est surtout une projection mentale de la femme sans défaut qu'elle incarne. Chez toutes les femmes malickiennes, les peaux sont douces, les mains toujours belles, mêmes quand elles sont mises à l'épreuve comme celles d'Abby. Dans cette image idéalisée, pure, Malick distille un trouble sexuel tout en pudeur[91]. Vêtue légèrement de peau alors qu'elle n'avait que quatorze ans au début du tournage, l'actrice Q'orianka Kilcher s'avère extrêmement sexuelle. Malick mêle le trouble de l'innocence et de la beauté terrassante à un corps tout juste formé. Pocahontas se retrouve à la merci d'un homme viril incarné par l'acteur Colin Farrell. Il y a peu de gens laids chez Malick. Mêmes les visages burinés par le temps ou la maladie ont leur beauté. Les canons classiques de beauté ressortent de manière évidente. Ses acteurs sont Brad Pitt, Richard Gere, Martin Sheen, George Clooney. Le « mâle » peut se voir comme un être horizontal, même le plus spirituel comme Quintana. Il est une incarnation physique, lourde, relié socialement, mais il a une beauté tellurique. Le sergent McCron de *La Ligne rouge* (John Savage) s'en fait l'écho en parlant « poussière » (« dirt ») à propos des soldats[92]. Cette incapacité à quitter le sol

91 Jusqu'à *The Tree of Life,* la nudité était absente de ses films. Et même dans *À la Merveille,* où elle est mise en scène, cela reste très pudique.

92 Michel Chion, *op. cit.,* p. 108.

renvoie à une dimension métaphysique présente dès la Genèse : l'homme fut créé dans la glaise. Il est rabaissé à sa condition d'entité mouvante et mourante : « tu retournes au sol, car c'est de lui que tu as été pris. Car tu es poussière et tu retourneras à la poussière[93]. » Et lorsque l'homme essayera d'atteindre à nouveau Dieu avec sa Tour de Babel, ce dernier le punira en le privant de la langue adamique. La figure masculine incarne cet immobilisme patent.

Les femmes sont filmées avec plus « d'appétit ». Car si l'homme est un être horizontal, la femme est totalement verticale. Holly, retenue au sol par Kit, finira par s'envoler en hélicoptère, sur une musique de chœurs qui lui confèrent une dimension angélique. Différentes scènes montrent Mme O'Brien et Abby se laver les pieds, comme des ablutions, propres aussi bien au christianisme qu'au judaïsme et à l'islam. L'ablution qui purifie avant la prière rappelle le geste de Jésus lavant les pieds des Apôtres avant le dernier repas. Nous avons affaire à des madones. L'image de Mme O'Brien étreignant ses enfants fait penser à la *Madonna del Prato* de Raphaël, dont elle disait s'inspirer. Les femmes incarnent l'innocence, la pureté, une pureté que Malick aime laisser s'exprimer. Bien que la figure centrale du film demeure le prêtre, *À la Merveille* se structure autour d'une femme, Marina, et c'est elle qui hante l'écran. Cette ancienne ballerine résume toutes les autres femmes croisées dans les films précédents. À vrai dire, le même profil

93 *Ancien testament*, « Genèse », 3 : 19, auquel on peut ajouter « Genèse », 2 : 77 : « Et Jéhovah forma alors l'homme avec de la poussière [tirée] du sol et il souffla dans ses narines le souffle de vie, et l'homme devint une âme vivante. »

revient dans toute la filmographie du réalisateur, plus ou moins rebelle, plus ou moins déjà rongée par la vie et par son statut social. Distinguons-en trois sous-types : les femmes-enfants, les femmes trahies (et déjà détruites) et les femmes souvenirs. Un peu de ces trois éléments sommeille en chacune.

La femme-enfant, c'est bien sûr Linda, jeune innocente qui observe les atrocités de ce monde. Mais aussi Pocahontas ou Holly, qui entretiennent un rapport pur au monde. « Il peut nécessairement y avoir un démon et un ange, l'innocence de l'ange donnant tout son relief à la noirceur du démon. Malick élimine l'idée qu'une femme puisse tuer et absout totalement Holly du moindre meurtre. » C'est ainsi que Gaudeau qualifie l'opposition entre Holly et Kit[94]. En gagnant en expérience, elle devient une femme trahie. Lorsque Jane fait irruption dans la vie de Neil, son passé pèse sur ses épaules : un mari envolé, un enfant décédé, un père qui l'étouffe moralement, peu d'espoir de lendemains prometteurs. Même Marina, *a priori* plus légère, a déjà un enfant et un homme l'a abandonnée. Enfin, il y a la femme souvenir, dont l'existence ne se limite pas à la réalité. C'est l'image, dans *La Ligne rouge*, incarnée par Miranda Otto sur sa balançoire quand le soldat revoit lors de *flash-back* les suaves instants perdus, un peu à la manière de *La Jetée* (Chris Marker, 1962). La femme souvenir, c'est aussi la réminiscence par Neil de la figure de Marina quand elle n'est plus en Amérique, c'est la nostalgie d'Abby qui se souvient de ce qu'elle était avant de mentir.

94 Ariane Gaudeaux, *op. cit.*, p. 19-20.

LA FEMME-RIVIÈRE

Finalement, pour caractériser à l'écran la figure féminine, un motif revient à chaque fois : la femme-rivière. Dans tous les films, une femme marche pieds nus dans l'eau. Holly le long d'une rivière, Abby dans l'étang, la fiancée de Bell a aussi le droit à des plans sur une plage et dans un bain. Pocahontas va jusqu'à nager, et à exprimer son amour envers Smith en ces termes : « Tu coules en moi comme une rivière. » Mme O'Brien se retrouve sur la plage mentale de son fils et Marina se balade le long de la Manche avec le Mont Saint-Michel en décor de fond. Une telle récurrence esthétique figure bien une association mentale obsédante[95]. Nous avons déjà vu la façon dont Holly est associée au poisson-chat, comment Pocahontas possède quelque chose d'une sirène qui appelle le marin avec sa voix intérieure. Les cours d'eau ne sont jamais déchaînés, tout au plus la marée monte-t-elle sur la plage française, devenant un jeu pour les amants. Le calme de l'eau, et la sensation relaxante qui l'accompagne, contraste d'autant plus avec le monde violent dans lequel ces femmes évoluent.

TENTER DE S'ÉMANCIPER

Malick ne cantonnerait-il pas les femmes à des figures traditionnelles, à des mères au foyer protectrices ? À y regarder

95 Et la première photo communiquée du prochain film *Knight of Cup* montre Natalie Portman et Christian Bale sur une plage.

de plus près, un tel reproche paraît injuste. Tout d'abord, il a beaucoup filmé d'histoires dans des époques lointaines, où l'émancipation de la femme était plus limité. Pocahontas et Linda parviennent malgré tout à se soulever contre l'ordre masculin établi. L'Amérindienne suit sa propre voie, trouve son chemin en invoquant une âme féminine (« mère nature »). Quant à Linda, personnage à la fougue enfantine, elle n'est jamais enfermée dans le moindre carcan moral ou social. Holly aussi finit par refuser la trajectoire tracée par son compagnon de route en préférant se rendre. Reste que la voix off finale, par laquelle on apprend qu'elle épouse le fils de son avocat, s'avère très factuelle. Elle lance ce constat comme si elle était obligée d'entrer dans le moule, de se faire oublier. Elle ne fait nullement mention d'amour à travers cette union.

Les cas de Mme O'Brien, Jane et Marina sont plus subtils. Jane est une femme seule, elle s'occupe de son ranch. Elle confie à Neil la difficulté qu'elle a de gérer seule un tel territoire. Se marier avec lui devient une échappatoire sociale. Mais n'y voyons pas que cela : elle semble réellement envahie par les sentiments qu'elle éprouve pour lui. Lorsqu'il l'abandonne, ses cris et la détestation qu'elle exprime à son égard sont tels qu'ils n'ont pas de place sur la bande sonore, comme pour les rendre encore plus déchirants. Jane reprend son indépendance, contrainte et forcée. Marina est aussi inhibée par son amour pour Neil, mais de manière plus obstinée. Un geste où elle baise les pieds de son mari a pu faire tressaillir quelques spectateurs, comme s'il symbolisait un avilissement féminin devant la figure du mâle alpha. C'est oublier que l'extrait est à mettre en miroir avec un autre passage, quelques minutes plus tard, où le personnage joué par Ben Affleck, à genoux, embrasse les mains de Marina. Plutôt que d'y voir un rapport de domination homme/femme, il synthétise ici l'idée que l'amour, c'est accepter de placer sa confiance en l'autre. Il existe d'ailleurs presque la même scène dans *The Tree of Life*. Le petit frère de Jack, R. L., affirme sa confiance en son aîné. Lorsque ce dernier le trahit en lui tirant sur le doigt avec une carabine à plomb, il s'excuse en lui embrassant le bras.

Ces trois exemples de baisers sont à la fois une invitation au pardon et un signe d'apaisement après une dispute. Pourtant, il ne signifie pas la fin d'un problème et n'a rien d'un geste naïf: pour Marina et Neil, le divorce a bien lieu et les plaies ne sont pas refermées.

Et puis, dans tous ces films, les hommes sont-ils plus libres que les femmes? Pas sûr. D'une certaine manière, ils sont encore plus aliénés. Alors, certes, ils sont travailleurs. Mais ils sont aussi souvent incapables de prendre des décisions fondamentales (hormis M. O'Brien, qui se résigne au déménagement pour ne pas perdre son travail). Parfois, ils suggèrent de prendre une décision capitale, comme Bill proposant à Abby le mariage arrangé avec le fermier. Par-dessus tout, ils subissent: O'Brien subit la pression de son travail, le capitaine Smith accepte l'allégeance à la reine d'Angleterre.

Lorsque Monsieur O'Brien tient ses fils, c'est dans une étreinte digne d'un serpent constricteur. Il sert l'un d'eux dans ses bras, l'empêchant de bouger. Il en saisit un autre par le cou et peut faire preuve d'une vraie violence dans ses accès de colère. Dans le film, Malick s'attarde longuement sur chaque parent. La mère est la douceur incarnée, elle réveille ses enfants en jouant. Le père, lui, envahit l'écran de ses larges épaules. Il ouvre brusquement la porte et arrache les draps des enfants encore tout endormis. L'acteur Brad Pitt s'amuse à placer sa mâchoire en avant, comme pour se rendre encore plus massif. Paradoxalement, c'est un homme délicat avec les arbres, la pelouse, ou avec les touches de l'orgue. Et, puisque rien n'est uniforme, quelques scènes montrent aussi un homme joueur, s'amusant avec un arrosoir ou un bouchon de liège. Malick filme un faux mastodonte. « Je rêvais d'être un grand musicien et je me suis laissé distraire » avoue O'Brien à son fils aîné. Il est vrai que la pratique de l'orgue le met en transe. Jack regarde son père en jouer. Le simple fait de toucher l'instrument lui procure un moment de communion éphémère. R. L. joue de la guitare, comme pour nouer un lien avec l'orgue paternel. Malick montre un moment de communion entre un père et son fils avec un canon piano/guitare. Si bien que le rôle du père dans *The Tree of Life* n'est pas uniquement la domination. À travers lui, les enfants apprennent les rites d'un bon Américain, et notamment ce que signifie croire en Dieu quand on est un Texan des années 1950. Lorsque la famille se rend à la messe,

M. O'Brien reste pour une dernière prière et pour allumer une bougie. Son visage n'exprime plus de dureté, juste un trouble. Il se plie au rite et ressent la foi.

O'Brien se rêve en colosse alors qu'il n'est qu'un homme de sable. Lorsque tout s'effondre pour lui, et qu'il est obligé de déménager pour sauver son emploi, il se remet en cause, fait part de ses remords. Son charisme s'efface. Il erre tel un fantôme dans les travées de l'usine, de la même manière que Neil, dans *À la Merveille*, déambulait au milieu des gravats et des étendues d'eau polluées. Tout ce que O'Brien a construit s'effondre, hormis sa famille. «Je ne suis rien.» avoue-t-il. Mélancolique, il admire sa maison depuis un trottoir, il se laisse prendre dans les bras par sa femme. Pire, il s'excuse auprès de son fils : «Je t'ai élevé à la dure. J'en suis pas fier» L'homme de sable ne résiste pas à la vague.

VIVRE ET LAISSER MOURIR

« Tu sais… ma fleur… j'en suis responsable !
Et elle est tellement faible ! Et elle est tellement naïve ! Elle a quatre
petites épines de rien du tout pour la protéger contre le monde… »
Antoine de Saint-Exupéry dans Le Petit Prince
———————————————

UNE SORTE DE MAGIE

Aidé par son montage fait de libres associations, d'ellipses, d'éclairs brefs au sein du souvenir, *The Tree of Life* se niche dans la psyché de Jack. Des plans surnaturels y jaillissent. Ainsi, telle Blanche-Neige après avoir croqué la pomme, le cadavre de Mme O'Brien se retrouve dans un cercueil de verre. Isolé, ce plan n'est que pur fantasme. Au sein de la narration, il fait suite au décès de l'enfant noyé. Jack vient de découvrir la mort. Il est traumatisé, et son angoisse suprême est de comprendre qu'un jour sa mère mourra aussi.

Malick réserve les plans fantastiques pour tout ce qui a trait au divin et à la grâce. La fameuse lévitation dans les airs de Mme O'Brien ne vient pas par hasard. Juste avant, elle racontait à ses enfants qu'elle avait un jour pris l'avion, pour fêter son diplôme. Les trois enfants, alités, l'écoutent, avant qu'un plan de l'intérieur du cockpit ne vienne illustrer le récit de la mère. Ce système associatif n'est pas systématique, mais il s'active ponctuellement. Quand Jack parle de son ami au crâne brûlé, un bref plan d'une maison en feu vient expliquer au spectateur l'origine d'une telle blessure.

Cette magie formelle n'existe qu'à travers le souvenir de Jack. On accepte même des souvenirs qui ne peuvent pas être vrais. On revoit la rencontre de ses parents, la naissance du premier enfant, ses premiers pas. Autant d'images qui, de toute évidence, ne peuvent pas provenir des souvenirs de Jack. Reste qu'à travers le regard d'un enfant, tout est émerveillement, tout est divin, donc tout est possible. Sinon, comment expliquer cette chaise qui recule toute seule ? L'enfant, tout petit, a une image idéale de ses parents, beaux, purs, incapables de lui mentir. Ce qui est magique, c'est de vivre auprès d'eux, d'apprendre le nom des animaux, de contempler le ciel, les arbres, les autres enfants. La magie opère encore quand Mme O'Brien se cache derrière un miroir et laisse juste paraître ses bras. Par effet d'optique, l'enfant croit voir quatre bras sans aucun corps pour les soutenir. Le tour de magie nous est ici expliqué, mais Malick se garde bien de dévoiler ses secrets de prestidigitateur sur d'autres plans, afin que nous sentions cette sorte de magie agir sur nous.

LA GRANDE AVENTURE DE LA VIE

Dans une magnifique séquence au rythme d'une musique d'Ottorino Respighi, un enfant – dont on ne peut savoir de façon certaine s'il s'agit de Jack – est invité à passer un portail. Une femme lui susurre quelque tendre parole au bord d'une rivière, la caméra approche d'une statue de singe dont la gueule grande ouverte s'apprête à nous engloutir ; elle grimpe des marches sans pouvoir apercevoir quelle merveille se trouve au sommet. La main douce d'une mère nous invite à la suivre avec ses enfants ; on déambule dans une forêt en file indienne. Puis, on arrive dans une chambre sous l'eau, métaphore du ventre de la mère dans lequel, neuf mois durant, le fœtus séjourne. L'enfant, déjà grand et tout habillé, sort et laisse son ours en peluche retomber dans les abysses marins. La grande aventure de la vie est lancée. Jack est baptisé, son corps change sous nos yeux. Ses parents lui apprennent à marcher, à demander s'il te plaît.

L'apprentissage tient une place importante dans l'œuvre du réalisateur. Jack et ses frères écoutent les histoires du *Livre de la Jungle* (Rudyard Kipling, 1894) et des *Conte de Pierre Lapin* (Beatrix Potter, 1902). Mme O'Brien apprend le nom des animaux et initie ses enfants à comprendre ce qui l'entoure. Déjà dans *Le Nouveau Monde*, les gravures du générique nous offraient une initiation à l'univers que nous allions parcourir. Tous les films de Malick sont un apprentissage au monde, à la vie, à l'amour. Les comportements des adultes et des enfants diffèrent peu. Les adolescents de *La Balade sauvage* se prennent pour des gens responsables, alors qu'ils ne font qu'expérimenter la dure réalité de la vie. Les amants de tous âges batifolent comme des enfants, en témoigne la légèreté de Marina, virevoltant dans les champs de blé. La meilleure façon d'apprendre pour un enfant, c'est d'expérimenter, donc de jouer. Il joue à l'adulte, il joue au cow-boy, il joue à se faire peur. Lorsque Jack récupère un os dans un champ, il s'imagine que c'est celui d'un dinosaure. Tout est un terrain de jeu, sans limite, du lever matinal, quand leur mère leur glisse des glaçons dans le cou, au coucher, lorsqu'ils admirent les ombres portées de leur corps.

Lorsque Jack grandit et découvre le mensonge, le tableau idéal se craquelle. Il y a d'abord la jalousie naturelle qu'éprouve un enfant pour son petit frère. Il lorgne autour du berceau, fasciné, mais il se révolte aussi de ne plus être le centre des attentions. En grandissant, Jack trouve un autre concurrent dans son père dès lors qu'il prend conscience de l'amour débordant qu'il ressent pour sa mère et qu'il se confronte au désir sexuel. Juste après avoir volé la nuisette d'une voisine, le jeune adolescent culpabilise. Il enfouit l'habit, puis le laisse être emporté par les flots. À son retour chez lui, il ignore ses amis et sa mère. Il refuse même de parler à cette dernière : « Je ne peux pas te parler. Ne me regarde pas. » À l'école, il tombe amoureux d'une de ses camarades. Il marche juste derrière elle dans la grande rue de son quartier. La scène rappelle étrangement le début de *La Balade sauvage* où, d'une manière presque similaire, Kit marchait au côté de Holly.

Plus important encore que l'expérience, le regard curieux façonne l'enfant et l'instruit. Non pas juste pour admirer la beauté du monde, mais pour scruter et questionner les gens, leurs comportements, leurs habitudes, leurs défauts. De passage en ville, les frères O'Brien regardent un prisonnier protester, ils imitent un homme ivre qui les salue. Le boitement d'un passant semble aussi perturber le jeune Jack. À sa manière, le prêtre de *À la Merveille* passe aussi son temps à regarder les gens. Il les contemple en train de célébrer un mariage, ou juste en train de marcher. La simple observation du corps d'autrui sert d'expérience aux personnages. Dans *Les Moissons du ciel*, Linda se plaît à regarder les autres travailler, danser, se battre ou s'aimer en secret. On pourrait même imaginer que c'est son occupation principale.

LA BEAUTÉ DU GESTE

Alors que l'enfant regarde, l'adulte donne. Et ce don passe par le geste. Si l'actrice Jessica Chastain a très vite incarné aux yeux du public la douceur maternelle, c'est qu'elle a joué tour à tour dans deux films qui se répondent : *The Tree of Life* et *Take Shelter* (Jeff Nichols, 2011). Elle y incarne à chaque fois une mère au volontarisme sans faille. Armée de courage et d'amour, ses personnages n'ont qu'un objectif : être le meilleur parent possible et transmettre à sa progéniture ce qui lui semble bon. Elle couvre les yeux de son enfant lorsqu'un homme fait une crise d'épilepsie, elle rassure sa petite fille dans *Take Shelter* lorsqu'ils sont dans l'abri anti-tempête en lui tenant la tête. Exemple frappant de l'importance du geste : le langage des signes. Elle apprend à ses enfants les mots, elle mime les choses de la vie. La petite fille de *Take Shelter*, sourde, ne communique que par ce moyen. La mère, soucieuse de bien assimiler cette langue, l'apprend consciencieusement. L'apprentissage est plus douloureux chez le père (Michael Shannon), sauf pour dire « je t'aime ». Quand Pocahontas dit « au revoir » à Smith qui rejoint les siens, elle sous-entend aussi un « je t'aime » et fait le geste : elle pose sa main sur son ventre puis ouvre ses bras en direction de lui. L'amour est donc un geste d'abandon vers l'autre. Il transcende les langues, il est le seul langage qui dépasse les frontières. La voilà la puissance du geste ! Elle s'exprime au travers du don total de soi par lequel on transmet la flamme intérieure, quitte à mettre de côté sa propre liberté.

Figure récurrente du cinéma et de l'art en général, le sacrifice est aussi une forme de don, s'il permet à son prochain de vivre. Il n'y en a qu'un seul dans la filmographie de Malick, dans *La Ligne rouge*, et il est loin d'être une porte de sortie scénaristique. Le soldat Witt fait diversion pour que son camarade aille prévenir les siens du danger immédiat. Ce sacrifice est une sorte de dénouement logique du cheminement intérieur d'un soldat rejeté du monde, égaré au milieu d'une jungle qui ne veut plus de lui. Son sacrifice ne sert absolument pas à faire gagner la guerre, juste à permettre à d'autres hommes de continuer à vivre. Mais il est aussi une sorte de suicide. Witt se décide à cet acte sans en attendre une quelconque reconnaissance. Il va chercher, dans une mort digne, la paix et le repos.

Le reste du temps, le don total de sa personne se fait d'une manière plus spirituelle. Le père Quintana déclame ses prêches, mais ses pensées les plus constructives sont le fruit d'un cheminement intérieur dont aucun personnage ne profite. Néanmoins, il reçoit en retour de son dévouement l'amour qu'il cherche. C'est le cas lorsqu'un vieil homme lui fait poser la main sur les vitraux, ou lorsqu'une paroissienne dit qu'elle priera pour lui, ou plus généralement grâce à toutes les paroles réconfortantes des gens qui l'entourent (le jeune homme trisomique, notamment). Les sacrements sont aussi des dons. En faisant le geste d'enfiler l'alliance, les mariés se lient par un mouvement physique simple mais presque irrévocable. D'ailleurs, quand Marina demande à faire annuler son premier mariage, cela pose problème car il est censé durer «jusqu'à ce que la mort les sépare». Un geste, même futile, a son sens, c'est d'ailleurs ce qui fait toute sa beauté. Kit abandonne un enregistrement où il explique ses actes dans la maison qu'il brûle. Ce disque, à destination des autorités, disparaît probablement dans les flammes. L'acte est donc vain, le jeune homme ne parvient pas à sauver son image. Mais, jusqu'au bout, il tentera de la soigner. Après avoir bâti son petit autel de cailloux, une fois arrêté et les menottes aux poignets, il offre un stylo et un paquet de cigarettes aux policiers admiratifs.

SENSATION DE VIDE

La tristesse de Jane, c'est de n'avoir plus rien à transmettre. Elle offre un peu de son amour à Neil, mais même cela, on le lui vole. Quant à l'amour maternel, elle en est privée, son enfant étant mort. Comme Mme O'Brien, Jane semble se dire : «Où s'est envolée cette partie de mon être?» Le geste ultime, c'est celui d'offrir son enfant à Dieu. «Je te le donne. Je te donne mon fils», s'exclame Mme O'Brien, enfin apaisée, en conclusion de *The Tree of Life*. Le plus dur reste de renoncer à ce qui n'est plus. Comment Welsh et ses camarades pourraient-ils se reconstruire après la guerre, eux qui ne sont plus que fantômes sans espoir ? Comment oublier les images de corps déchiquetés par les mines ? Comment vivre avec le souvenir des gens disparus ? « Je me rappelle ma mère sur son lit de mort. Toute grise et rabougrie. Je lui ai demandé si elle avait peur. Elle a secoué la tête. J'avais peur de toucher la mort que je voyais en elle », se remémore Witt. En creux, Malick filme les espaces de vide laissés par un passé qui ressurgit par éclairs disparates, ou un présent qui ne se construit pas. Quand Marina repart en Europe, des images d'elle surgissent par flashs. Le murmure de sa voix vient perturber la relation harmonieuse qu'essaie de construire Neil avec Jane. Il est troublant de constater à quel point la maison que Marina et lui occupent est vide ; ils déplacent constamment les rares meubles, les rideaux sont arrachés, les verres brisés. Une autre maison possède un caractère étrange, dans *La Balade sauvage* cette fois, chez un bourgeois que Kit et Holly prennent en otage. Les meubles sont tous recouverts d'un drap blanc, comme s'il ne fallait toucher à rien, que la lumière et la poussière s'apparentaient à des intrusions.

Ne peut-on pas aussi s'étonner du dépeuplement de la colonie britannique sur les terres fraîchement conquises ? Quand Smith revient de son séjour chez les Amérindiens, on l'informe qu'ils ne sont plus qu'une trentaine de colons. La sensation de vide est bien présente. Il n'y a que des corps qui errent comme des fantômes. Ils cherchent de la nourriture, les cadavres gisent au sol. Or, lors d'une attaque qui survient peu après, ils semblent plus nombreux. Corps vivants mais malades, corps morts à côté d'enfants, corps mutilés mais vaillants, l'inerte y côtoie le vivace, sans que l'on discerne vraiment si cette communauté a suffisamment de ressource pour survivre à l'hiver.

Cette ambivalence, mélange d'espoir et de pessimisme, se traduit à merveille dans le dernier plan, dans la dernière phrase de chacun des films de Terrence Malick. À chaque fois, il offre une note d'espoir teintée de nostalgie, sans proposer d'échappatoire claire, mais en clôturant une histoire. Alors que, juste avant, on entend une ultime prière intérieure («Regarde à travers mes yeux, regarde les choses que tu as faites, toutes choses resplendissantes»), *La Ligne rouge* se termine avec un plan d'une plante sur un rivage. Les soldats de notre histoire partent, mais la guerre n'est pas finie. En clôturant son film avec des éléments lumineux, Malick offre une éclaircie au sein d'un dernier acte assez triste. Pour *The Tree of Life*, il nous laisse là, abandonné devant un pont sans vie alors que la famille que l'on a suivie vient de célébrer sa réunification sur la plage. C'est comme lorsqu'on laisse partir Linda au loin. On ne sait pas vraiment si on l'abandonne (hypothèse pessimiste) ou si on lui rend sa liberté (vision optimiste). Le même sentiment parcourt la fin du périple de Kit. Il est à la fois au sommet de sa vie, puisqu'il a atteint un statut d'icône éphémère – il est d'ailleurs dans un avion, il surplombe les nuages – et, en même temps, on sait qu'il se dirige vers la mort.

Le Nouveau Monde se termine sur une nouvelle ère, à la fois remplie d'espoir et de tristesse. Pocahontas vient de mourir. Le plan du reflet d'un vaisseau sur l'eau, une rivière, un arbre en contre-plongée : autant d'éléments hors cadre narratif, mais qui contiennent tout ce qu'était la princesse Pocahontas, un être de la mer et de la forêt. C'est son épitaphe filmique. Cette déchirure narrative se double d'une forme d'optimisme. En filmant le bateau faisant voile vers l'Amérique, Malick laisse le dernier mot à la vie. Rolfe retourne sur les terres américaines avec son fils et cet ultime plan rappelle que, même quand une branche casse, l'arbre continue de grandir.

LA FLEUR SAUVAGE

La conclusion de *À la Merveille* contient l'un des plus beaux plans de toute la filmographie de Malick. Marina est à terre dans une prairie, courbée, sur le dos, comme si elle était une fleur sauvage qui déployait ses pétales. Elle s'apparente à un coquelicot, fleur rebelle qui meurt en deux jours si on la cueille. Marina aura été cueillie de sa terre d'origine mais, par chance, elle a été replantée. Elle est alors libre de reprendre racine et de se nourrir de la rosée (ce qu'elle fait concrètement en posant sa langue sur un bourgeon gorgé d'eau). Pour la première fois, Malick se permet une conclusion sans équivoque, apaisée et heureuse, mais paradoxalement marquée par une lumière crépusculaire. Le dernier plan du film résume bien tout cela. Malick finit sur le Mont Saint-Michel, sans aucun prétexte narratif apparent. En réalité, il revient sur les lieux de l'Éden et montre l'accomplissement d'un chemin pour Marina. Le paradis retrouvé. Enfin.

CONCLUSION

« Les gens faibles ne mènent jamais
les choses à une conclusion,
ils attendent que les autres le fassent. »
Marina dans À la Merveille.

Rien n'est jamais refermé sur lui-même chez Terrence Malick.
Sans extrapoler outre mesure, on se rend compte que cela tient
à toute une culture dont il a hérité. Profondément américain,
il façonne les mythes et les remet au goût du jour : la conquête
du territoire, le questionnement de la violence, les valeurs
religieuses, les traumatismes des tueries des Amérindiens et
de la Seconde Guerre mondiale, mais aussi toute une culture
artistique, des luministes aux grands cinéastes classiques. La
fin du monde se télescope avec l'image religieuse des Enfers,
l'amour éphémère avec le jardin d'Éden.

Mais comme l'Amérique, qui puise ses racines dans la vieille
Europe, le cinéma de Malick ne cesse de faire l'aller-retour entre
ces deux continents : les philosophies allemandes et anglaises,
le territoire français, ses souvenirs parisiens, la grande musique
symphonique, de Wagner à Górecki. Et puis, devant le statut à
part que lui confèrent les Américains (pas vraiment une figure
du Nouvel Hollywood, cinéaste très marqué par le classicisme,
manque de succès populaire), des critiques le disent européen,
donnant à ce terme un sens cérébral.

Seulement, c'est toute une branche du cinéma étasunien qui utilise Malick comme figure de proue. Benh Zetlin (*Les Bêtes du sud sauvage*), David Gordon Green (*L'Autre Rive, George Washington*), John Hillcoat (*La Route, Des hommes sans loi*), Andrew Dominik (*L'Assassinat de Jesse James par le lâche Robert Ford*) ou Jeff Nichols (*Take Shelter, Mud*) revendiquent plus ou moins directement cette filiation. Dans les bonus de *The Tree of Life*, David Fincher et Chistopher Nolan attestent également de leur admiration pour le réalisateur. Entre le pan hollywoodien et le cinéma new-yorkais, une troisième voie s'est fondée, au Texas, sous l'impulsion de Richard Linklater et du festival South By Southwest basé à Austin. Là-bas s'y développe le cinéma indépendant américain le plus vivace, le plus créatif. Là encore, tel un mystérieux parrain, Malick est dans toutes les têtes, mais il n'apparaît pas de manière officielle. Reste qu'il déambule souvent là-bas, qu'il tourne même avec Rooney Mara et Val Kilmer. La voilà sa réussite, être au centre des attentions tout en restant à l'écart. Quitte à rester caché à Cannes et à ne récupérer sa Palme d'or que le lendemain. Il est un moine réalisateur : grand penseur à la parole de sage, mais en dehors du siècle, au risque d'alimenter les fantasmes.

FILMOGRAPHIE

LANTON MILLS
1969 • 12 min

AVEC Terrence Malick, Warren
Oates, Harry Dean Stanton
→ format non précisé • couleur
CHEF OPÉRATEUR Caleb Deschanel
MUSIQUE ORIGINALE Terrence Malick
→ Inédit en France • seulement
accessible aux étudiants de l'AFI

LA BALADE SAUVAGE
[BADLANDS] 1973 • 94 min

AVEC Warren Oates, Martin Sheen,
Sissy Spacek,
→ 1: 85 • couleur
CHEFS OPÉRATEURS Brian Probyn,
Tak Fujimoto, Stevan Larner
MUSIQUE ORIGINALE George Tipson,
Warner Bros

LES MOISSONS DU CIEL
[DAYS OF HEAVEN] 1979 • 94 min

AVEC Richard Gere, Brooke Adams,
Sam Shepard, Linda Manz
→ 1: 85 • couleur
CHEFS OPÉRATEURS Nestor
Almendros, Haskell Wexler
(non-crédité en tant que tel)
MUSIQUE ORIGINALE Ennio
Morricone, Paramount Pictures

LA LIGNE ROUGE [THE THIN
RED LINE] 1998 • 170 min

AVEC Jim Caviezel, Elias Koteas,
Nick Nolte, Sean Penn
→ 2: 35 • couleur
CHEF OPÉRATEUR John Toll
MUSIQUE ORIGINALE Hans Zimmer,
20th Fox Century.

LE NOUVEAU MONDE
[THE NEW WORLD] 2005
• 135 min (version salle)
• 150 min (montage original)
• 172 min (version «Extended Cut»)

AVEC Christian Bale, Colin Farrell,
Q'Orianka Kilcher, Christopher
Plummer
→ 2 : 35 • couleur,
CHEF OPÉRATEUR Emmanuel Lubezki
MUSIQUE ORIGINALE James Horner,
New Line Cinema

THE TREE OF LIFE
2011 • 139 min

AVEC Jessica Chastain, Sean Penn,
Brad Pitt
→ 1 : 85 • couleur,
CHEF OPÉRATEUR Emmanuel Lubezki
MUSIQUE ORIGINALE Alexandre Desplat,
Fox Seachlight.

À LA MERVEILLE
(To the Wonder) 2012 • 112 min

AVEC Ben Affleck, Olga Kurylenko,
Rachel McAdams, Javier Bardem
→ 2 : 35 • couleur,
CHEF OPÉRATEUR Emmanuel Lubezki
MUSIQUE ORIGINALE Hanan
Townshend, Brothers K.
Productions

(SOURCE : IMDB)

BIBLIOGRAPHIE

OUVRAGES GÉNÉRAUX

PIERRE LAGAYETTE *L'Ouest américain : Réalités et mythes* • Ellipses, 1997.

GEORGE L. MOSSE *De la guerre aux totalitarismes. La brutalisation des sociétés,* • Hachette Littérature, 1999.

DUBAN ROYOT *L'Ouest américain, les valeurs de la frontière* • Autrement, 1997.

TZVETAN TODOROV *La Conquête de l'Amérique. La question de l'autre* Le Seuil, 1982.

HEINRICH WÖLFFIN *Principes fondamentaux de l'histoire de l'art* • 1915.

OUVRAGES SPÉCIALISÉS SUR LE CINÉMA

YVONNE BABY *Quinze hommes splendides* • Gallimard, 2008.

BERNARD BENOLIEL, JEAN-BAPTISTE THORET *Road Movie* • Hoebeke, 2011.

PIERRE BERTHOMIEU *Hollywood moderne. Le temps des géants* • Rouge Profond, 2009. *Hollywood moderne. Le temps des voyants* • Rouge profond, 2011. *Hollywood. Le temps des mutants* • Rouge Profond, 2013.

MICHEL CHION *La Ligne rouge,* • Les éditions de la transparence, 2005.

MICHEL CIMENT *Petite planète cinématographique* • Stock, 2003.

ARIANE GAUDEAUX *La Balade sauvage* • Les éditions de la transparence, 2011.

LLYOD MICHAELS *Terrence Malick* • University of Illinois Press, 2008.

REVUES

Cahiers du cinéma, n° 668, mai 2011 • Articles multiples.

Positif n° 665, mars 2013 • Articles multiples.

CHRISTOPHE BENEY «Le dinosaure et l'enfant» • *Palmarès magazine* n° 5 (Juillet-Septembre 2011).

VALENTINE PÉTRY «Jessica Chastain l'indomptable» • *L'Express*, n° 3193, 12 au 18 septembre 2012, cahier n° 2 «style».

BEVERLY WALKER «Malick on Badlands» • *Sight and Sound*, 1975.

AUTRES OUVRAGES

Bible de Jérusalem, texte intégral, Ancien et Nouveau Testaments.

JAMES JONES The Thin Red Line • Pocket, 1999.

SOURCES INTERNET

CHRISTOPHE BENEY «À la Merveille de Terrence Malick», *Accreds*, 6 mars 2013.

JÉRÉMIE COUSTON «(Re)Voir les cieux de Take Shelter avec Olivier Masmontiel», *Telerama*, 18 janvier 2013.

BENJAMIN FOGEL *The Tree of Life* de Terrence Malick» • *Playlist Society*, 17 mai 2011.

SIMON LEFEBVRE «Sentir et toucher» • *Revue Zinzolin*, 20 mars 2013.

«Rencontre avec Michel Ciment» • *TCM*, 18 septembre 2012.

POUR ALLER PLUS LOIN

Prolongez la lecture de *Terrence Malick et l'Amérique* en accédant
au contenu additionnel prévu par l'auteur et disponible à cette adresse :
www.playlistsociety.fr/malick

LE COLLECTIF PLAYLIST SOCIETY

Alexandre Mathis · Alexis Fogel · Alexis Joan-Grangé · Anthony Foret · Axel Cadieux · Benjamin Fogel · Christophe Gauthier · Dat' · Dom Tr · Isabelle Chelley · Jean-Sébastien Zanchi · Julien Lafond-Laumond · Laura Fredducci · Laurent Houdard · Lucile Bellan · Marc di Rosa · Marc Mineur · Marie Guénue · Mathieu Arbogast · Nathan Fournier · Olivier Ravard · Thierry Chatain · Thomas Messias

Achevé d'imprimer en décembre 2014 par Espace Grafic
Pol. Ind. Multiva Baja C/G n° 11 - 31192 Multiva Baja - Espagne
Dépôt légal : janvier 2015